MÉMOIRES

DE

THÉRÉSA

DE L'ALCAZAR

Paris. — Typ. Morris et Comp., 64, rue Amelot.

MÉMOIRES

DE

THÉRÉSA

ÉCRITS

PAR ELLE-MÈME

6ᵉ ÉDITION

PARIS

E. DENTU, ÉDITEUR

GALERIE D'ORLÉANS, 17 ET 19, PALAIS-ROYAL

—

1865

Dédie ce livre à celui à qui

Dois tout ... au public.

Thérésa

POURQUOI J'ÉCRIS CE LIVRE

-o—o-

Un soir de l'année dernière, j'avais chanté *le Chemin du Moulin*, et le public, avec sa bienveillance habituelle, me rappelait et me redemandait le dernier couplet de la chanson que j'avais mise à la mode. Fiorentino, qui m'avait fait l'honneur de venir m'entendre, s'écria :

« — *C'est la Rigolboche de la chansonnette !* »

Le mot était cruel ; il me fit beaucoup de peine. Depuis je l'ai souvent entendu retentir à mes oreilles au milieu des chaleureuses acclamations que me décerne chaque soir un public ami.

Il ne m'appartient pas de parler de mon talent.

1

J'ai été discutée plus que je ne le méritais. Les uns m'ont appelé *la Patti de la chope;* d'autres ont dit que je mêlais de l'absinthe à mes chansons !

J'ai laissé dire tout le monde sans songer à protester.

Je ne suis pour rien dans mon succès : j'ai toujours suivi mes instincts, je n'ai pas cherché ma voie, les événements m'ont guidée ; ils ont fait de moi une chanteuse de cabaret.

Soit !

Je suis une fille du peuple, et j'amuse le peuple. C'est ainsi que je trouve moyen de ne pas me séparer de ma famille !

On m'a dit souvent que personne n'arrive à

une célébrité quelconque à Paris sans une valeur réelle.

Or, je suis aussi populaire que Timothée Trimm, Ponson du Terrail ou Jacques Offenbach.

Si le public se trompe, ce n'est pas ma faute.

Les artistes grandissent suivant le milieu dans lequel les jette le hasard.

Moi, après bien des luttes, après bien des tourments, j'ai été jetée sur les planches d'un café-concert.

Je n'ai pas eu le choix.

J'étais seule d'abord comme une naufragée dans une île inconnue.

J'ai chanté, et tout Paris est venu à moi.

Évidemment, tout Paris avait ses raisons pour cela.

Ces raisons sont-elles bonnes ou mauvaises ?
Je l'ignore !

J'ai mon public ; j'ai la vogue, et j'ai la conscience de ne pas être la première venue dans cette immense ville.

J'aurais tort de me plaindre.

Trois années heureuses ont effacé de mon souvenir les tristesses du temps passé.

De tous mes chagrins d'autrefois, il ne m'en reste qu'un seul :

Le mot de Fiorentino souvent répété :

« *C'est la Rigolboche de la chansonnette !* »

Qu'ai-je de commun avec cette femme, qui a, pendant quelques mois, joui d'une triste célébrité, et dont le goût public a fait justice ?

Je ne dois pas ma réputation à un art qu'on

ne peut avouer en public, et je n'aurai jamais à rougir de ma fortune.

Depuis que je pense, ma constante préoccupation a été de devenir une artiste.

Et je suis artiste !

Mon public m'aime et j'aime mon public.

Le soir, lorsque j'entre en scène, je ne vois autour de moi que joyeux visages... je suis la bienvenue toujours, et il me semble que je suis au milieu de mes amis.

Et souvent, au moment d'entonner un refrain à la mode, je suis émue et j'hésite...

Parfois j'ai envie de vous dire :

— « Vous qui m'applaudissez, vous qui m'aimez, vous qui m'avez tant de fois entendue chanter, vous ne seriez peut-être pas fâché de m'entendre causer une fois par hasard? C'est à vous que je dois ce que je suis! Voulez-vous savoir ce que j'ai été?

Eh bien! le courage m'a toujours manqué.

Et il faut pourtant que je parle!

Il faut que je dise ce qu'il y a de vrai et de faux dans les mille bruits qu'on fait circuler sur mon passé.

Et si j'hésite encore à écrire *mes Mémoires*, c'est que Rigolboche a écrit les siens!

Que l'orchestre se taise!

Ami public, je prends une chaise, je vais m'asseoir devant la rampe et je commence.

THÉRÉSA.

MÉMOIRES

CHAPITRE PREMIER

Ma naissance. — Mes premières années. — Mes parents. — M. Hippolyte Cogniard. — M. Artus de l'Ambigu-Comique. — Mes dix-huit modistes. — L'ouvrière chez l'actrice. — Mon goût pour le théâtre. — *Les Bohémiens de Paris.* — Une résolution énergique. — Mes débuts comme chanteuse. — Un chanteur des rues. — Terribles hésitations. — Une belle récolte. — Cinquante centimes moins deux sous. — Je vois *les Bohémiens.*

I

Je suis une enfant de Paris; la cité Riverin, rue de Bondy, fut mon berceau.

Ma mère était une brave femme du peuple qui ne connaissait de l'humanité que son pauvre mé-

1.

nage. Tout ce qui était en dehors des quatre murs de notre obscur logement ne l'intéressait guère.

Mon père, un humble musicien, s'en allait jouer du violon dans tous les bals où il trouvait du pain pour sa famille.

Sa plus grande joie était de m'entendre chanter les airs qu'il jouait sur son violon et qu'il me faisait répéter pendant des heures entières.

Il est vrai que je ne lui donnais pas beaucoup de travail, car il suffisait qu'il me jouât trois ou quatre fois le même air pour que je le retinsse.

A l'âge de trois ans, je savais par cœur toutes les chansonnettes à la mode. Je les fredonnais soit dans la cour de la cité, soit dans l'escalier de la maison.

Les voisins m'avaient prise en grande affection ; on m'invitait à dîner dans toutes les mansardes du voisinage, et au dessert, la petite chanteuse — c'est ainsi qu'on m'appelait déjà — disait, de sa petite voix flûtée, les chansons qui couraient les rues.

II

J'avais sept ans à peine, et je chantais comme d'habitude dans la cour, quand un monsieur, qui semblait trouver un plaisir extrême à m'entendre roucouler, me dit :

— Qu'est-ce qui t'apprend ces jolies chansons ?

— C'est mon père.

— Ah ! et que fait-il ton père, est-il ouvrier ?

— Non, monsieur, répondis-je avec fierté, il est artiste !

A ces mots, dits avec un certain orgueil, l'étranger sourit.

En ce moment mon père survint ; je courus à lui.

— Ah ! c'est vous qui êtes le père de la petite ? lui dit l'étranger.

— Oui, monsieur.

— Et que comptez-vous faire de votre enfant ?

Cette question me surprit beaucoup, je l'avoue.
Jusqu'ici je n'avais pas cru qu'en ce monde on
pût faire autre chose que jouer et chanter.

Je regardai avec un certain étonnement ce
monsieur qui n'était autre que M. Hippolyte
Cogniard, alors directeur de la Porte-Saint-
Martin.

Son entretien avec mon père dura quelques
instants.

J'ai su depuis que M. Cogniard proposait de
me faire apprendre la danse et de me faire débuter dans une de ses féeries au théâtre de la
Porte-Saint-Martin.

Ce projet n'eut pas de suite.

III

C'est tout ce que je sais de ma première en-
fance; d'ailleurs, ma vie était la même chaque jour.

Le matin je me levais en chantant, et le soir je
me couchais en fredonnant un nouveau refrain
que mon père m'avait appris.

Pour moi, l'humanité se composait de deux
hommes :

De mon père d'abord,

Et ensuite de M. Artus, chef d'orchestre du
théâtre de l'Ambigu, qui passait dans le quartier
pour un grand musicien, et que je savais l'auteur de quelques-unes de mes chansons favorites.

Quand M. Artus passait devant la cité Riverin,
je le saluais avec le respect que je croyais devoir
à l'homme qui, dans ma pensée enfantine, parta-
geait avec mon père la gloire de la musique
française.

IV

A l'âge de douze ans, j'entrai en apprentissage
chez une modiste du quartier.

J'y restai quinze jours; le seizième, ma maîtresse
me renvoya sous prétexte que je faisais trop de
bruit et que mes chansons empêchaient les ou-
vrières de travailler.

Je m'en retournai chez mon père, et je lui contai en pleurant qu'on venait de me congédier.

Je considérais alors cette action de ma maîtresse comme une injustice sans nom.

Elle me défendait de chanter!

Il me semblait tout simple qu'on chantât comme on mangeait, pour obéir à la voix de la nature.

V

A cette époque, j'étais loin de me douter de ma vocation.

Mes parents désiraient me faire apprendre un état.

J'obéis à mon père, et j'entrai en apprentissage chez une autre modiste.

Cela dura encore un mois.

Un jour, ma nouvelle maîtresse m'envoya por-

ter une note chez une actrice des Folies-Dramatiques, que je trouvai en train d'étudier une ronde
qu'elle devait chanter dans un nouveau vaudeville.

Elle me congédia brusquement.

Mais l'air m'avait plu, et au lieu de rentrer à
l'atelier, je restai devant sa porte, l'oreille collée
contre le trou de la serrure, et je l'entendis ainsi
répéter son refrain, que je retins bientôt.

Au bout de deux heures, je revins à l'atelier en
fredonnant l'air nouveau. Ma maîtresse me reçut
fort mal ; je me sentis humiliée de m'entendre
dire des choses blessantes devant tout le monde.

J'avais le sentiment de l'indépendance comme
toutes les filles de ma condition qui ont grandi en
plein air ; mon père m'avait appris à lire et à écrire,
je n'avais jamais fréquenté une école ; personne
ne m'avait jamais imposé sa volonté ; mon caractère s'était développé librement avec les instincts
de ma nature un peu sauvage.

Je quittai ma seconde maîtresse.

VI

Il me semble inutile de raconter tous les détails de cette époque peu importante de ma vie.

Qu'il suffise au lecteur de savoir qu'en moins de deux ans j'ai été renvoyée de dix-huit ateliers.

Un seul incident de mon apprentissage de modiste mérite d'être rapporté.

VII

A cette époque, je ressentais déjà un irrésistible entraînement vers le théâtre.

La vue d'une affiche de spectacle me donnait des palpitations.

Chaque soir, je voyais une longue file de spectateurs devant l'Ambigu, où l'on jouait alors *les Bohémiens de Paris*, un drame de MM. d'Ennery et Grangé.

La ronde de ce drame courait déjà les rues, je la chantonnais comme tout Paris : je voulus voir la pièce.

Mon père n'était pas assez riche pour me conduire au spectacle, et cependant je voulais à tout prix assister à une représentation des *Bohémiens*.

Ce supplice dura deux mois.

Un soir je n'y tins plus.

J'étais en course dans un quartier populeux, rue Folie-Méricourt, au coin du faubourg du Temple ; j'étais restée une demi-heure devant l'affiche, lisant et relisant les noms des acteurs, et j'avais été saisie d'un désir si violent d'entendre chanter la ronde par M. Adalbert, qui jouait le rôle de *Pelure-d'Oignon*, que je résolus d'aller au théâtre coûte que coûte.

J'étais sans un sou.

Je me promenai pendant une heure dans toutes les rues du faubourg du Temple, les yeux constamment fixés vers le pavé, dans l'espoir de trouver un trésor, voire même une pièce de dix sous !

Mais dans ce quartier, l'argent a trop de prix pour qu'on le laisse flâner sur le trottoir.

La nuit venait, et l'on commençait déjà à allumer les réverbères.

Je cherchais toujours et je ne trouvais rien.

Tout à coup je m'arrêtai.

Dans une cour, un pauvre vieillard psalmodiait d'une voix chevrotante le refrain à la mode :

> Fouler le bitume
> Du boulevard, charmant séjour ;
> Avoir pour coutume
> De n'exister qu'au jour le jour.

Je me blottis dans un coin et j'écoutai ! Au bout de quelques secondes une fenêtre s'ouvrit et une pièce de monnaie tomba aux pieds du chanteur, qui la ramassa.

Je jetai un cri de joie.

J'avais trouvé le moyen d'aller au théâtre.

VIII

Quand le vieillard fut parti, j'entrai dans la cour ; j'essayai de chanter... mais l'émotion m'étranglait, j'allai plus loin... j'entrai dans cinq maisons, et j'en sortis toujours sans avoir eu le courage d'exécuter mon projet.

Enfin, après bien des luttes et bien des hésitations, l'amour du théâtre triompha.

J'entrai bravement dans une cour, et d'une voix tremblante je me mis à entonner la ronde des *Bohémiens de Paris*.

On me jeta deux sous !

Par un sentiment bien naturel de honte, je n'osai ramasser l'argent.

J'attendis que les fenêtres se fussent refermées pour m'emparer de l'aumône...

Puis je m'enfuis comme si j'avais volé cet argent.

On a bien raison de dire qu'il n'y a que le premier pas qui coûte.

Quand je fus un peu remise de cette émotion,
inséparable d'un premier début, j'entrai hardi-
ment dans une seconde cour... puis dans une
troisième.

J'avais récolté huit sous !

IX

Je courus à l'Ambigu. Le spectacle était déjà
commencé.

Je passai à la buraliste le premier argent que
j'aie gagné par mes chansons...

Il me manquait deux sous.

Je la suppliai de me faire crédit, de me donner
un billet pour n'importe quelle place.

Elle ne me répondit pas.

L'inexorable guichet rejeta mes premiers *feux*.

Je m'élançai comme une folle dans les rues voisines. On comprend que je n'étais pas disposée à renoncer au spectacle après tant d'efforts.

Je m'arrêtai près du canal devant un marchand de vins...

J'entrai et je commençai :

Fouler le bitume
Du boulevard, charmant...

Je ne pus continuer, car deux bras vigoureux me saisirent assez brusquement.

En ce moment la porte de l'arrière-boutique s'ouvrit.

— Laissez donc faire cette pauvre petite! dit un ouvrier.

Et il me fit entrer.

Je recommençai la ronde.

Quand j'eus fini, on me donna quelques sous... Je ne les comptai pas... Je courus au théâtre... Je tendis l'argent à la buraliste... et, pour la première fois de ma vie, j'entrai dans une salle de spectacle.

Je ne me rappelle plus les sensations de cette

mémorable soirée... Je n'ai dans la tête qu'un souvenir confus de toutes ces émotions... mais c'est de ce moment que date ma résolution de paraître, un jour ou l'autre, sur les planches.

CHAPITRE DEUXIÈME

CHAPITRE DEUXIÈME

Ma visite au théâtre des Funambules. — Alexandre Dumas et ses mémoires. — Sa manière et la mienne. — Pas de politique. — Le concierge Charles Kalpestri. — Un portier qui cumule beaucoup d'emplois. — Le directeur. — Une histoire du temps passé. — Trois amis intimes. — Débuts de Frédérick Lemaître. — Colombine. — Sa loge. — Mon entrée dans les coulisses. — Suprêmes émotions. — Monsieur Billion et son économie. — Je figure. — Ma maîtresse dans la salle. — Mon premier malheur.

I

Il me semble avoir suffisamment souligné, dans le chapitre précédent, mon amour précoce pour le théâtre, aussi ne s'étonnera-t-on pas de la joie que j'éprouvai le jour où l'une de mes dix-huit maîtresses me donna l'ordre d'aller essayer un chapeau à Mlle X***, Colombine des Funambules, et ce, le soir, dans sa propre loge.

Je me pomponnai de mon mieux, et, dès six heures, je me présentai toute rougissante d'é-motion et de plaisir chez le concierge du théâtre.

Ceux qui ont vécu comme moi sur le boule-vard du Temple, se rappellent quelle était, à cette époque, *l'entrée des artistes* du théâtre des Funambules.

II

Une fois pour toutes, il faut que je prévienne le lecteur qu'il m'arrivera souvent, à chaque pas que je ferai dans mon récit, de raconter ce que j'aurai vu et ce qu'on m'aura dit, et de répéter au public des anecdotes qui l'intéresseront, comme elles m'ont intéressée moi-même.

Il me paraît, du reste, malgré mon peu d'habi-tude de ces sortes de choses, que c'est ainsi que des *Mémoires* doivent être écrits.

Je n'ai pas la prétention d'intéresser constamment le lecteur en lui parlant de ma petite personne, et, d'ailleurs, je ne fais en cela que m'approprier la manière d'Alexandre Dumas.

Qu'on se rassure pourtant : toute imbue que je sois de son exemple, je ne raconterai aucune révolution et laisserai tranquilles les hommes politiques de mon temps.

Cette explication donnée, je reviens à mon modeste concierge du théâtre des Funambules.

III

Ce concierge se nommait Charles. — Je ne suis pas bien sûre que son autre nom n'était pas Kalpestri.

Charles était une organisation étonnante.

Il cumulait mille emplois.

Concierge, il écrivait des pantomimes, y figurait à l'état d'acteur, et construisait à ses moments perdus des trucs pour le théâtre.

C'est à lui que le fanatique public des Funambules est redevable de ces potirons qui se
changeaient en chars, et de ces bocaux de cor-
nichons qui devenaient des tableaux de famille.

Il avait une grande admiration pour son directeur, M. Billion, dont la profonde économie
l'étonnait, lui qui, avec cent francs par mois
qu'il gagnait à tous ces métiers, résolvait cependant des problèmes insensés d'économie sociale.

On m'a conté, à propos des Funambules et de
son directeur, quelques détails que je ne crois
pas trop connus.

IV

En 1825 ou 30, le théâtre des Funambules
donnait encore des parades à la porte.

Les artistes devaient à tour de rôle, avant de
charmer le public à l'intérieur, le dérider à
l'extérieur.

Parmi ces artistes, il en était trois qui s'aimaient d'une amitié réelle.

Quand je dis trois artistes, je me trompe : je devrais dire deux *comédiens* et un employé.

Le premier, était le roi du théâtre, et, de par son mérite, avait été gracié de la parade extérieure; il jouait les Arlequins.

Le second, moins favorisé, remplissait sur les tréteaux de la porte le rôle sacrifié de l'ours; il jouait les Léandre.

Le troisième, l'employé, allumait les quinquets; il était second lampiste du théâtre.

Ces amis, jeunes tous trois, étaient dévorés d'ambition, les deux derniers surtout.

Ils jalousaient la haute fortune de leur ami l'Arlequin, qui gagnait jusqu'à soixante-dix francs par mois et avait droit à deux chandelles par soirée dans sa loge.

De vrais feux !

La bataille de la vie commença, et chacun

d'eux cherchait nuit et jour cette fameuse clef qui ouvre la porte de la fortune.

La clef fut longue à trouver, paraît-il, puisqu'ils mirent plus de vingt ans à faire cette trouvaille.

Mais aussi, voyez quel bizarre changement cette porte, une fois ouverte, a apporté dans la position respective de chacun des trois amis.

V

L'Arlequin, si jalousé, si envié, n'arriva qu'à attraper une place de modeste figurant au Cirque du Châtelet.

Le Léandre, l'ours, devint un grand comédien.

Et le troisième, le lampiste, fut un financier sérieux.

Le premier se nommait Thys,
Le second Frédérick Lemaître,
Et le troisième Billion.

VI

Revenons, pour la seconde fois, à mon concierge des Funambules, ou plutôt à ma visite dans la loge de mademoiselle X..., la Colombine.

Il était six heures, et, à cette heure, les artistes arrivaient seulement au théâtre.

Au fur et à mesure qu'ils entraient chez Charles pour prendre leur clef, j'enviais leur brillante position.

Je voyais des comédiens de près, et cela me faisait battre le cœur.

La vue des actrices surtout me causait une émotion profonde.

Je ne comprenais pas le luxe de leur toilette, ou plutôt je me disais :

— Mon Dieu ! que j'ai donc raison d'aimer le théâtre, puisqu'il suffit qu'on y soit pour être tout de suite aussi bien mise !

J'ai compris plus tard que ce n'était pas tout à fait le théâtre qui donnait ces toilettes-là.

Mademoiselle X... parut.

Sitôt qu'elle me vit, elle me dit :

— Ah! c'est vous, petite... à la bonne heure, vous êtes exacte. Suivez-moi.

Je me levai toute tremblante; le mot *suivez-moi* m'avait serré le cœur comme dans un étau.

Depuis une demi-heure que j'étais là, j'attendais avec impatience le moment de pénétrer dans ce fameux couloir sombre qui menait sur le théâtre, dans les loges, dans les coulisses!

VII

Je suivis mademoiselle X....

Elle me mena dans sa loge.

Tout cet attirail de blanc et de rouge me ravit.

— Allons, dit la Colombine, essayons le chapeau.

Et elle se décoiffa rapidement.

— Oh ! fis-je avec regret... déjà !

— Comment, déjà ?

— Oui, répondis-je la figure en feu ; je m'amuse tant ici !

— Ah ! tu t'amuses. Eh bien, reste, petite ; tu m'essayeras mon chapeau après la première pièce.

Je sautai de joie.

Mademoiselle X... commença sa toilette ; elle se mit le blanc et le rouge que vous savez, s'arqua les sourcils et endossa enfin son charmant costume de Colombine tout à paillettes.

Je la dévorais des yeux, mais mon rêve n'était pas là.

Mon ambition, c'était d'aller sur le théâtre, de visiter les coulisses.

Et je n'osais lui faire cette audacieuse demande.

Mademoiselle X... devina sans doute cette ambition dans mon regard, car lorsqu'elle fut habillée, elle me dit :

— Allons, viens, tu me verras jouer.

J'eus une terrible envie de lui sauter au cou
et de l'embrasser.

Le *respect* me retint.

VIII

J'arrivai enfin dans les coulisses.

J'avoue que je fus légèrement désenchantée :
ces quinquets fumeux, ces affiches collées sur
les décors, tout cet envers, enfin, de la fiction,
qui est bien aussi comme l'envers de toutes les
joies de ce monde, m'arracha un léger cri de
surprise.

Le rideau était levé et l'on jouait.

Que jouait-on? voilà ce que je ne saurais dire.

Tout ce que je me rappelle, c'est que, dans
cette pièce, des figurants en habits de ville entraient en scène et faisaient cercle autour de la
Colombine qui dansait un pas.

J'étais à peu près seule dans les coulisses pendant que cette danse avait lieu.

Je regardais mademoiselle X..., dont j'admirais l'aisance et surtout l'audace.

Car, au moment de faire son entrée, aucune émotion n'était en elle.

Tout à coup j'entendis une voix formidable tonner derrière moi.

IX

C'était celle de M. Billion, le directeur.

Il s'adressait à moi :

— Qu'est-ce que tu fais là, petite flâneuse, au lieu d'aller faire nombre ?

— Moi ? fis-je la voix tremblante... entrer là... sur le théâtre ?

— Mais oui... pourquoi pas ?... Quand on vient gratis dans des coulisses, on tâche de se rendre utile... Allons, entre, il n'y a jamais trop de figurants dans une pièce.

Et il me poussa.

J'entrai machinalement en scène.

X

J'eus d'abord comme un éblouissement.

Toutes ces têtes qui me regardaient, ce lustre, cette rampe, toute cette salle enfin, me donnèrent un étourdissement véritable.

Je m'appuyai contre un décor.

Peu à peu cependant, le calme me revint, et je pus jouir à mon aise du grand plaisir que l'économie proverbiale de M. Billion venait de me donner d'une façon si imprévue.

Je me mis à regarder la salle, mais aussitôt je poussai un cri à moitié étouffé.

Je venais de reconnaître ma maîtresse d'atelier, dans une loge avec un monsieur que je ne connaissais pas.

XI

Elle aussi me vit, car sa tête indiqua d'abord un étonnement profond, puis une colère extrême.

Je compris qu'elle ne s'attendait pas à retrouver son apprentie, figurante au théâtre des Funambules, et que ma présence jetait un froid.

Sa colère, que je devinai, me rendit à l'instant même toute ma raison, et, comme affolée de la perspective du fort *savon* qui m'attendait, je sortis de scène, et, toujours courant, je rentrai à l'atelier.

XII

Le lendemain, ma maîtresse me fit demander. Son front était sévère.

— Thérésa, me dit-elle, je ne veux pas chez moi de demoiselles qui fréquentent les coulisses

de théâtre et qui figurent dans des vaudevilles
des Funambules. J'écris à votre père de venir
vous reprendre; vous ne faites plus partie de ma
maison... Allez!

Je relevai la tête.

— Eh bien! oui, répondis-je avec fierté ;
je m'en vais, et puisque vous ne voulez pas que
je sois modiste, je serai artiste! et vous serez la
première à venir m'applaudir.

A partir de ce jour, ma vocation fut décidée.

XIII

Je repris le chemin de la maison paternelle
préparant en moi-même le discours que j'allais
faire à mon père, pour le décider à me mettre au
théâtre, lorsqu'en montant l'escalier, je rencontrai une vieille amie, pâle et tremblante, qui me
dit :

— Ah! te voilà, enfin! J'allais courir te chercher. Monte vite, monte!

Je me sentis pâlir, et je montai rapidement.
Un premier et terrible malheur m'attendait à la
porte de notre pauvre logement.

Mon père se mourait.

CHAPITRE TROISIÈME

CHAPITRE TROISIÈME

I

Hélas! dans ce Paris immense où rien ne s'arrête, titanesque machine dont les rouages marchent incessamment, au milieu de cette formidable clameur continuelle, qui est comme la respiration de la cité géante, qui donc aurait pu entendre mon premier cri de douleur?

Et, d'ailleurs, Paris entier l'eût-il entendu, qu'était-ce pour lui que le malheur qui m'atteignait?

Une enfant de douze ans allait se trouver orpheline, seule au monde et sans ressources.

Elle allait dire adieu, pour toujours, à celui qui était son monde à elle, à son ami, à son père enfin!

Elle allait être livrée à ses propres instincts, n'ayant que sa jeunesse pour défier la misère et que sa candeur pour défier le vice.

Ce malheur-là valait-il la peine qu'on y prît garde, n'était-ce pas l'histoire de chaque jour, de chaque heure?

II

Dans une mansarde, un pauvre meurt; il

laisse une enfant sans pain, et les rires continuent dans la rue et ils continuent à l'étage
inférieur, et nul n'a même, tout préoccupé qu'il
est de ses plaisirs ou de ses affaires, un mot de
pitié pour ce drame sombre et terrible.

III

Et cependant, tout enfant que j'étais, il m'a-
vait semblé à moi, à la vue de mon père pâle et
défiguré, se débattant vainement contre la mort,
que le monde venait de s'arrêter tout à coup et
que quelque chose s'était brisé dans l'immensité.

Ah! c'est que ceux qui les peuvent embrasser
encore, ces anges que Dieu met à nos côtés, ceux
qui les possèdent encore, ces trésors de bonté et
d'amour, ceux qui ne sont pas seuls en leur
maison solitaire, ne savent pas ce que c'est que
l'absence d'une mère et d'un père.

On a beau la remplir, cette maison, de gloire

et d'argent, on a beau demander d'autres joies au travail ou à la popularité, la place vide est toujours vide.

Et à chaque bonheur qui vous vient, à chaque peine que Dieu vous envoie, on cherche vainement, autour de soi, ceux à qui confier ce bonheur ou cette peine.

IV

Qu'on me pardonne ce moment de tristesse, car ce que j'écris, je l'ai souvent ressenti, et aujourd'hui que la fortune m'est venue trouver en aveugle ou en clairvoyante, comme on voudra, le souvenir de la mort de mon père m'est encore plus sensible.

Je me suis souvent rappelé l'histoire de M. Scribe.

L'auteur d'*une Chaîne*, après mille luttes diverses, était arrivé à la richesse, et un jour, dans la cour de son hôtel, entrait, pour la première fois, la première voiture qu'il venait d'acheter.

Comme il ouvrait la portière et mettait le pied sur le marchepied, il s'arrêta.....

Ceux qui l'entouraient virent une larme dans ses yeux.

— Qu'avez-vous donc? lui dirent-ils.

— Hélas! répondit M. Scribe, je songe à ma mère morte pauvre; qu'elle serait heureuse aujourd'hui, si elle pouvait me voir!...

V

Et moi aussi je me suis souvent dit cette parole. Aux premières fleurs qu'on m'a jetées, au premier or qu'on m'a donné, j'ai regardé tristement cet or et ces fleurs, et, pauvre orpheline, j'ai répété :

—Si mon père mort dans la misère était là!...

VI

Mon père mourut dans la nuit.

Je n'avais pour toute parente qu'une vieille cousine, qui vint me chercher le lendemain et me fit rentrer, à force de protestations, dans mon atelier de modiste.

Comment se passèrent les quatre années qui me séparaient de l'âge où l'enfant devient jeune fille, c'est ce que je ne sais plus.

Mon amour pour le théâtre était toujours aussi vif.

Un jour, — j'avais seize ans alors, — je fis, je ne me souviens plus comment, la connaissance d'une dame choriste au théâtre de la Porte-Saint-Martin.

Il va sans dire que je lui avais, dès le début, communiqué ma résolution de monter sur les planches.

Elle me proposa d'entrer avec elle dans les chœurs de son théâtre.

Je chantais suffisamment, — disait-elle. — Elle me faisait espérer quarante francs par mois. C'était peu, mais, avec de l'économie, on pouvait vivre. En outre, rien ne m'empêcherait de profiter des loisirs que me laisseraient les répétitions et les représentations, pour continuer mon état de modiste.

J'acceptai avec reconnaissance.

Le soir même, elle me présenta au régisseur, qui me fit entrer dans son cabinet et m'invita à chanter.

J'obéis avec cette bonne volonté que l'on me connaît lorsqu'il s'agit de roucouler.

J'avais à peine terminé le second couplet d'une romance dont je ne me rappelle plus ni l'air ni les paroles, que la porte s'ouvrit brusquement et qu'un étranger parut.

C'était le directeur, M. Marc-Fournier.

— C'est vous qui chantez ainsi ? me dit-il.

— Oui, monsieur, répondis-je assez étonnée de cette brusque interpellation, c'est moi.

— Vous voulez entrer dans les chœurs ?

— C'est mon plus grand désir.

— Vous n'avez jamais joué la comédie ?

— Jamais.

Et, tout en m'interrogeant, il ne cessait de me regarder.

— Chantez encore, fit-il.

Je me tournai vers le régisseur, comme pour lui demander son autorisation.

— Obéissez, me dit-il ; monsieur est le directeur du théâtre.

Je chantai le troisième couplet.

Le monde théâtral connaît M. Fournier, un des directeurs les plus intelligents de Paris, mais aussi un des plus fantaisistes.

Il me faisait chanter ainsi parce qu'il cherchait, depuis quelques jours, une jeune fille pour remplacer madame Deshayes dans *le Fils de la Nuit.*

Un rôle de bohémienne qui ne chante pas!

Mais il paraît que mon allure et mon visage
lui plaisaient ou, du moins, lui représentaient
bien le personnage.

Il me fit donner le rôle sur-le-champ, en me
disant de me tenir prête à le lui réciter le lendemain.

Je ne revenais pas de ma surprise, et la dame
qui m'avait présentée non plus.

Je dois même avouer qu'elle me regardait déjà
avec une certaine jalousie.

En effet, il y avait de quoi fournir matière à
l'étonnement.

Il y avait juste *un quart d'heure* que je faisais
partie des chœurs, et déjà je passais au rang d'actrice.

Le lendemain, je vins répéter mon rôle à
M. Fournier, qui me le fit jouer le soir même et
me donna des appointements de cent francs par
mois.

Et tout cela parce qu'il m'avait entendue chanter.

Ce qui m'a toujours étonnée, c'est qu'il ne m'ait pas donné ce rôle pour m'avoir vue coudre.

CHAPITRE QUATRIÈME

CHAPITRE QUATRIÈME

I

Il va sans dire que dès ce soir je renonçai, pour jamais, à l'état de modiste.

Grâce à mes cent francs par mois, je pouvais mener une vie indépendante et fréquenter le monde des artistes, que j'adorais.

C'est de ce moment que date mon *abonnemennt* au café du Cirque.

On sait que je suis franche.

Je ne regrette ni ne regretterai jamais, je l'esspère, l'existence légèrement bohême que j'aai menée, pendant quelques années dans ce café, enncore célèbre quoiqu'il soit détruit.

Il était presque exclusivement fréquenté paar des artistes et des auteurs.

Il a été, ainsi que tout le boulevard du Templee, aujourd'hui disparu, une des curiosités de Pariss.

Je demande la permission au lecteur de faire l'historique du café et de toutes ses *dépendancess*.

Il est certaines choses qu'on n'a pas le droit de laisser dans l'oubli.

II

Le café du Cirque était le café du théâtre diu Cirque.

Il se composait de deux étages et d'un rez-deechaussée.

Le rez-de-chaussée était réservé aux petites dames.

Le premier étage aux artistes, auteurs, journalistes et directeurs.

Le second étage aux amateurs de la bouillote.

Ce dernier contenait une sorte de cercle intime dans lequel on n'entrait qu'au moyen d'un secret de serrurerie.

Les notables du quartier y jouaient de six heures à minuit.

Les enjeux avaient assez de ventre, assez même pour qu'un maître boucher de l'arrondissement y ait laissé toute sa fortune.

Ce petit tripot clandestin fut fermé en 1848.

Je sais sur ce sujet l'anecdote suivante :

X..., un modeste acteur du Cirque, venait régulièrement chaque soir y perdre une partie de ses appointements.

Cet acteur avait un ami, lequel, plus raisonnable, cherchait à le détourner de cette ruineuse passion.

Il jouait la comédie au même théâtre.

X... représentait dans une pièce militaire, dont j'ai oublié le titre, le rôle d'un général ennemi, qui était tué, chaque soir, à onze heures sonnantes.

Son ami remplissait le rôle d'un colonel français; c'est lui qui ordonnait aux soldats d'enlever les cadavres; X... s'empressait, sitôt que les *Frrrançais* avaient, avec le respect dû au courage malheureux, transporté son corps dans la coulisse, de courir se déshabiller et d'aller porter son peu d'argent au tripot.

Un soir, le colonel français, qui toute la journée s'était inutilement transformé en foudre d'éloquence pour empêcher X... d'aller faire le trentième dans une forte partie projetée pour ce soir même, trouva un moyen de faire rester son ami dans le sentier de la vertu.

Le coup de fusil qui le tuait à onze heures partit. — X... tomba. — L'ami entra en scène.

— Enlevez les cadavres, dit-il.

X..., joyeux d'être délivré, déboutonnait déjà

son uniforme, quand le colonel, s'approchant de lui, dit :

— N'enlevez pas celui-ci; je crois qu'il respire encore.

Les figurants regardèrent leur colonel avec étonnement.

Il changeait la réplique.

L'un d'eux voulut cependant s'approcher.

— Eh bien ! n'ai-je pas parlé ?

Les figurants s'éloignèrent.

X... n'en revenait pas.

— Fais-moi donc enlever, disait-il tout bas à son ami.

Le colonel, sans lui répondre, continua son rôle.

X... commença à devenir furieux.

— Donne donc l'ordre, coquin !

— Oui, reprenait le colonel, souvent il arrive que des blessés ont l'aspect de cadavres.

— Mais on m'attend !

— Ce pauvre général, il a peut-être une famille, une femme, des enfants!... laissons-le

quelque temps ici, peut-être va-t-il revenir à la
vie !

— Mais je te tuerai si tu me fais manquer mon
rendez-vous.

— C'est quand la bataille est terminée que
l'humanité reprend ses droits.

— Filou ! canaille !

— Adossez-le contre cet arbre...

— Mais je te pulvériserai.

— Et laissez-le !

X..., forcé d'obéir, dans la crainte d'étonner
le public en lui montrant un *cadavre vivant*, resta
jusqu'à la fin du spectacle.

Minuit sonnait quand le rideau tomba ; la
partie était terminée; il fallut aller se coucher
bourgeoisement.

X... était sauvé d'une perte d'argent probable.

J'ignore s'il a remercié le colonel.

III

Parmi les habitués du premier étage, deux personnes étaient tenues en haute estime par tout le monde — y compris les garçons.

Ces deux personnages étaient deux directeurs de théâtre qui, eux aussi, ont laissé des traces curieuses de leur passage sur le boulevard du Temple.

J'ai nommé M. Dejean et M. Mourier.

IV

M. Dejean a fondé le cirque olympique et le cirque des chevaux.

C'est le directeur de théâtre par excellence, celui qui devrait servir de modèle aux autres.

Les millions qu'ils a gagnés, à montrer la comédie à ses concitoyens, sont la meilleure preuve de son intelligence directoriale.

4

L'histoire de sa vie est un long éloge.

Garçon boucher à dix-huit ans, à dix-neuf ans il achetait le fonds de son patron.

Sans patrimoine aucun, sans autres ressources qu'une énergie du diable, il visa la fortune.

Cette dernière se laissa toucher.

Si bien toucher, qu'à quarante ans il se retirait du commerce et liquidait ses comptes.

Il avait cinquante mille francs de rentes.

Alors, quand il se vit riche, il se décida à se donner quelques douceurs.

Il changea de mobilier.

Celui qu'il possédait et qui lui avait été laissé par son prédecesseur, fut vendu.

Il rapporta dix-sept francs cinquante centimes.

Quand on vint dire ce chiffre à M. Déjean, il s'écria :

— Les malheureux ! ils se sont fait voler.

Rentré dans la vie privée, il s'ennuya.

Quelqu'un vint lui proposer une direction de théâtre.

Il ne se doutait pas plus de ce qu'était une entreprise de spectacle que je ne me doute de ce que fait la lune dans le jour.

Il accepta cependant.

Ses amis jetèrent les hauts cris.

— Vous allez vous faire ruiner, lui dirent-ils.

— Bah ! je le verrai bien.

Il prit la direction du Cirque-Olympique.

Il ne s'y est pas ruiné, chacun le sait.

L'ordre et l'économie, qui avaient été la première cause de sa fortune, ne lui firent pas faute dans son nouveau métier.

Quant à ses relations avec les auteurs et les artistes, qu'on demande à ces derniers.

— M. Dejean, disait encore récemment l'un d'eux, c'est pas un homme, c'est une crème à barbe grise.

Une anecdote le peindra mieux que toutes les appréciations possibles.

Un soir, un de ses écuyers vint le trouver :

— Monsieur Dejean, lui dit-il, ma femme

vient d'accoucher, vous seriez bien aimable de me faire l'avance de mon mois.

— On ne fait pas d'avances, répondit M. Dejean en lui tournant le dos.

L'écuyer, qui connaissait son patron, n'insista pas.

Une heure après, il fut appelé par le caissier du théâtre, qui lui dit :

— M. Dejean m'a chargé de vous faire l'avance que vous lui avez demandée.

La fin du mois arriva.

L'écuyer, ayant touché ses appointements, ne se présenta pas à la caisse.

Le soir, son directeur l'avisa, et avec sa brusquerie ordinaire :

— Vous êtes à l'amende, lui dit-il.

— Moi, monsieur? fit l'écuyer étonné; et pourquoi cela?

— La paye était affichée pour aujourd'hui, et vous ne vous êtes pas présenté à la caisse.

— Mais, monsieur, puisque j'ai reçu une avance...

— On ne fait pas d'avances; allez toucher votre mois, et ayez bien soin de dire qu'on vous retienne votre amende : cela vous apprendra à être exact.

L'écuyer fut payé intégralement et l'amende fut maintenue.

V

M. Dejean avait mis son administration sur un pied inconnu jusqu'à son avénement.

Tout le monde se souvient de son extrême rigueur à refuser les billets de faveur.

Bien peu de gens peuvent se flatter d'être entrés gratis, dans ses théâtres, pendant tout le temps qu'il les a dirigés.

Lorsqu'il ne pouvait refuser, il tirait lentement sa bourse de sa poche et donnait le prix de la place au demandeur.

C'était sa seule façon de donner des entrées.

Économe pour les choses futiles, il était plus généreux qu'un roi pour les choses sérieuses.

4.

Quand il s'agissait de monter une féerie ou une pièce militaire, il n'aurait pas voulu qu'on économisât cinq centimes.

Un jour de répétition, il quitta brusquement la salle et courut à un grenadier qui figurait un fragment de la garde impériale.

— Monsieur, lui dit-il, allez-vous-en dire au costumier que je le mets à l'amende pour avoir cousu à vos guêtres des boutons qui ne sont pas d'ordonnance.

En souverain qui connaissait son métier, il s'était créé deux ministres responsables qui le déchargeaient de toute besogne à laquelle il ne se croyait pas apte.

Ces deux vizirs s'appelaient Ferdinand Laloue et Adolphe Franconi.

Le premier avait la haute main sur le Cirque du boulevard du Temple, le second sur le Cirque des Champs-Élysées.

M. Déjean avait en ces deux hommes une confiance extrême.

Quand Ferdinand Laloue, qui faisait toutes les
pièces pour son théâtre, venait lui lire un drame,
il lui donnait son avis, rien de plus.

— Combien cela coûtera-il de mise en scène ?
disait-il après la lecture.

— Tant... répondait Laloue.

— C'est bien.

Et, ouvrant son secrétaire, il remettait la
somme demandée à son régisseur général.

Il avait la récompense excentrique.

Une année, les deux entreprises, grâce à l'activité de ses représentants, avaient fourni des
bénéfices fabuleux.

Les deux ministres comptaient sur une gratification solide.

En effet, la veille du premier de l'an, M. Dejean
leur dit :

— Je vous dois une indemnité; demain vous
me ferez le plaisir de venir dîner avec moi.

Les deux régisseurs se regardèrent.

— Un dîner... comme gratification, c'est
maigre.

Nonobstant, le lendemain ils allèrent trouver leur directeur.

Celui-ci les emmena dîner dans un cabaret borgne et commanda lui-même le repas.

La carte s'éleva à quatre francs.

Les deux ministres n'en revenaient pas.

Mais au dessert, en levant leurs assiettes, ils trouvèrent dessous un acte par lequel M. Dejean leur donnait à chacun un tiers dans ses bénéfices futurs.

L'année suivante, ce tiers se monta pour chacun d'eux à la somme de cent mille francs.

VI

M. Mourier, directeur et presque fondateur du théâtre des Folies-Dramatiques, avait commencé par être marchand de rubans.

Auteur, à ses moments perdus, sous le nom de Valory, il avait pris la direction des Folies, au moment où ce théâtre éclairait encore à l'huile les drames sanguinaires des Pixérécourt et des Caignez.

L'entreprise était désastreuse ; chacun jusqu'alors s'y était ruiné, et le seul moyen de faire quelque chose de cette salle de spectacle, avait dit un prédécesseur, était de la démolir.

Frédérick Lemaître vint y jouer, en représentations, son fameux *Robert Macaire*.

Tout Paris courut à cette nouveauté. La fortune du théâtre commença.

MM. Cogniard frères aidèrent à son développement.

Leur *Fille de l'air*, féerie en trois actes, eut deux cents représentations, et à partir de ces pièces M. Mourier eut des inscriptions de rente à son nom sur le Grand-Livre.

En effet, vingt-cinq ans après, quand il mourut, il laissa à sa veuve une fortune plus qu'honnête.

M. Mourier a été le type du directeur bourru. Les artistes l'ont autant détesté qu'aimé.

À ceux qui restent parlez de lui ; ils vous diront, comme Lesueur dans *le Fils de famille* : C'était z'un cheval!

Ayant compris, comme jamais impresario ne l'a fait, que la seule manière d'être un bon directeur, c'était d'être maître chez soi, il avait tout sacrifié à cette conviction d'absolutisme.

Les pièces sifflées, avaient sur son théâtre, leur nombre ordinaire de représentations : trente, — chiffre fatal.

Les pièces très-applaudies n'en avaient guère plus.

Les artistes n'étaient jamais annoncés sur l'affiche en grosses lettres, et quand l'un d'eux mordait trop sur le public, il était immédiatement renvoyé.

— Je veux, disait-il, que personne ne me fasse la loi, pas même le public.

Et ce système a été suivi par lui courageusement, sans une minute d'hésitation, pendant près de trente ans.

L'animosité des artistes s'explique par ce fait seul.

Brusque, colère, il ne leur ménageait pas les épithètes.

Tout tremblait devant lui, et plus d'un vieux comédien, qui avait vu le feu, se sentait ému quand il le savait dans la salle à une répétition.

On médisait de lui à qui mieux mieux, et cependant tous avaient pour lui une sympathie réelle.

C'est que sous son enveloppe brutale on lui savait une bonté sérieuse et une honnêteté à toute épreuve.

La parole de M. Mourier était d'or. Quand il avait dit oui, on dormait sur ses deux oreilles.

Son ton bourru a été, pendant nombre d'années, le désespoir de son régisseur général, M. Dorlanges.

Ce dernier avait littéralement peur de son patron.

La façon dont il lui répondait, le chapeau à la

main, avec un tremblement dans la voix, était passée en proverbe.

Tout le monde artistique contemporain de cette époque se souvient de l'anecdote de l'âne.

VII

Dans une pièce, il fallait qu'à un moment donné, on entendît, dans la coulisse, le braiement d'un aliboron.

M. Dorlanges fut chargé de ce rôle important. Quand son patron lui annonça cette nouvelle, avec sa brusquerie ordinaire, l'infortuné se sentit pâlir.

Le malheureux ne savait pas faire l'âne.

Il se prit à étudier avec conscience.

Chaque jour, quand les artistes passaient devant son cabinet, ils l'entendaient pousser des hi-hans continuels; mais ces hi-hans ne rappelaient en rien ceux de l'asinus. C'était tantôt le chant du coq, tantôt le coassement de la grenouille.

Cela dura huit jours ; les artistes riaient à se tordre.

Partout où il allait, en quelque lieu qu'on le rencontrât, on l'entendait murmurer tout bas son fameux hi-han panaché.

Enfin, le jour de la répétition générale arriva.

Le matin, on l'avait vu étudier, pendant deux heures, l'âne d'un porteur d'eau.

La répétition commença.

M. Dorlanges avait des sueurs froides quand la réplique lui fut donnée ; il crut qu'il allait se trouver mal.

Enfin il poussa son cri.

Mais l'émotion avait paralysé ses moyens, et le braîment asinique se transforma en un aboiement plaintif.

— Mais c'est le chien que vous faites ! tonna M. Mourier.

Le régisseur tremblant s'avança près de la rampe, et, les yeux mouillés de larmes :

— Monsieur, dit-il à son patron, Dieu m'est
témoin que j'ai fait tout ce que j'ai pu pour
apprendre à braire, mais je vois décidément
qu'il faut que je quitte ma place, je ne saurai
jamais faire l'âne!

Sa figure piteuse attendrit M. Mourier.

— Mais vous faites très-bien le chien, lui
dit-il.

— Oui, monsieur. Le chien, le coq, la grenouille, tout, excepté l'âne! Oui, tout, excepté ça!

— Eh bien, faites le chien, dit M. Mourier.
On peut remplacer l'âne par un caniche, la pièce
le permet.

La joie de M. Dorlanges, à l'annonce de cette
concession, ne peut se décrire.

Ses yeux se mouillèrent encore une fois de
larmes, les larmes de la reconnaissance. Et mettant la main sur son cœur :

—Monsieur, dit-il à son patron avec un accent
de gratitude indéfinissable, ce que vous faites
pour moi, voyez-vous, restera gravé là. Me laisser

faire le chien, c'est beau! Je dirai même plus :
c'est sublime! Monsieur Mourier, maintenant,
vous pouvez me demander ma vie, elle est à
vous!

Et quand on lui parlait de son directeur, il
racontait avec attendrissement cette anecdote,
pour prouver combien il devait être attaché à un
homme qui l'avait si noblement laissé aboyer,
quand il pouvait le forcer à braire.

CHAPITRE CINQUIÈME

CHAPITRE CINQUIÈME

I

Parmi les habitués du café du Cirque il faut encore citer M. B...

M. B..., que tout l'ancien boulevard du Temple a connu, avait renoncé aux joies de ce monde pour s'occuper exclusivement de son estomac et de celui des autres.

Il nourrissait un acteur, mais avec l'intention bien évidente de l'assassiner à coup de dîners.

En effet, il eut, en quelques années, deux invités tués à sa table.

A la mort du premier, quelqu'un vint lui annoncer cette victoire.

— Comment, fit M. B... avec sa petite voix, il est mort ?

— Mon Dieu, oui ! Mort cette nuit d'une indigestion.

— Quel ingrat ! s'exclama M. B..., il meurt aujourd'hui, et je lui ai acheté un chapeau neuf avant-hier !

II

Un mangeur non moins célèbre fut le nommé Thomas l'Ours, également abonné dudit café.

Thomas l'Ours n'avait aucune fortune ; sa seule

ressource consistait dans son ventre à accordéon.

A force de dévorer, il s'était confectionné un ventre étrange, ventre qui défiait toutes les probabilités médicales.

Il en pressait l'épiderme dans sa main et l'allongeait comme une bretelle élastique.

Pour qu'il se livrât à cette expérience, il suffisait de lui offrir à dîner.

Mais malheur à celui que sa curiosité poussait à faire cette dépense !

Thomas l'Ours mangeait comme douze hommes.

Jamais ogre n'engloutit ce qu'il avait la faculté d'ingurgiter sans être malade.

Un jour, deux habitués du café du Cirque, projetèrent de jouer un dîner pour Thomas l'Ours.

Deux louis y furent consacrés.

Quand ils vinrent le trouver pour lui annoncer qu'ils avaient quarante francs à lui faire manger, il hocha la tête.

— C'est bien peu, fit-il ; payez-moi seulement une légère collation, c'est tout ce que l'on peut faire avec cela.

Il les conduisit chez Joane, et là il mangea les quarante francs en tripes à sept sous la portion.

Ce qui fait quelque chose comme cent dix ou cent quinze tripes qu'il dévora en une heure.

Quand ce fut fini, il était cinq heures.

— J'en ai mangé dix de trop, dit-il. Je serai forcé de ne dîner qu'à sept heures.

Il mourut d'une fringale rentrée.

III

Un autre type non moins curieux était celui de Palot.

Palot était un jeune voyou, né sur le boulevard du Temple, pendant un entr'acte de la Gaîté.

Il ne quittait jamais les environs du Cirque.

C'était le domestique du public.

Il faisait tout : les courses, le ménage, il aidait le garçon à servir.

De temps en temps il venait trouver ses *protec-*

teurs, lesquels se composaient d'habitués du café, et leur tenait le langage suivant :

— Écoutez ; ça m'embête de ne rien faire. Faites-moi seulement dix francs, et je vas acheter un fonds de fleuriste. Je vendrai des bouquets aux dames. Au moins comme ça, je ne serai pas un vagabond ; je serai un homme établi.

On lui faisait les dix francs, qu'il s'empressait d'aller jouer dans un petit cabaret de la rue Basse.

Puis il revenait offrir ses services aux habitués.

D'une industrie étonnante, il a été l'inventeur des mille moyens employés, encore à l'heure qu'il est, par le voyou de tous les quartiers, pour soutirer quelques sous au passant.

Il a créé l'offre du feu.

Son chef-d'œuvre, est l'invention du *truc à l'amour.*

Avisant un gandin, il s'approchait de lui l'oreille basse, la voix émue :

— M'sieu, lui disait-il, donnez-moi vingt sous

pour aller voir mademoiselle Leroyer dans son dernier acte.

Et comme le gandin passait outre :

— Oh ! m'sieu, ajoutait-il d'un air sombre, ne me refusez pas, je l'aime cette femme ! je l'aime que j'en suis malade... Si je ne la vois pas jouer ce soir, je suis capable de faire des bêtises !

Il est bien peu de gandins qui ne se soient laissé prendre à cette demande.

L'amour est toujours intéressant.

Palot a vécu sur le boulevard du Temple, pendant plus de quinze ans.

On s'était accoutumé à le voir, comme on s'était accoutumé à voir les arbres et les maisons.

Un beau jour, il vint tout en larmes trouver ses abonnés.

Il avait un numéro à sa casquette.

— Je suis tombé, fit-il ; faut que je parte.

Et il tendit aux habitués la main, que ceux-ci lui serrèrent.

Ils étaient véritablement émus.

On lui donna quelque argent.

Huit jours après il vint leur faire ses adieux.

— Qui m'aurait dit, s'écria-t-il, que moi aussi j'irais jouer les pièces du Cirque pour de bon ?

IV

Un autre type est celui du chef de claque R...

Connu sur le boulevard depuis un temps immémorial, on citait de lui mille et mille naïvetés.

Bon garçon, obligeant, il représentait volontiers le type de Calino claqueur.

Un jour, on donna au théâtre où il *travaillait le succès* une représentation du *Misanthrope*.

Quand la pièce fut finie, il monta furieux sur le théâtre.

— Quel est l'âne bâté qui a fait cette pièce-là ?

— C'est Molière, lui répondit-on.

— Molière ! Eh bien, vous pouvez lui dire de

ma part à ce monsieur qu'il ferait mieux de faire
des bottes.

Cependant, comme il avait l'habitude de solli-
citer de chaque auteur nouvellement joué une
petite gratification, il demanda l'adresse de ce
monsieur.

— Où qu'il perche ? dit-il.

— Rue Saint-Denis, répondit un loustic, près
du pilier des halles.

Et voilà R... courant rue Saint-Denis et demandant à tous les concierges après un nommé
Molière ou Moulière.

Quand, lassé de chercher, il revint annoncer
qu'il ne l'avait pas déniché, il dit :

— Vous savez que votre monsieur Molière ne
demeure pas... Du reste, ça ne m'étonne point :
quand on fait des pièces comme il en fait, on ne
doit pas rouler sur les domiciles... Je lui fais cadeau de sa gratification.

Et à l'heure qu'il est, quand on parle de Molière à R..., il s'écrie :

— Laissez-moi donc tranquille, un auteur de
rien. J'ai tellement eu pitié de lui, que je l'ai ap-
plaudi gratis!

V

Il me reste à présent, — pour en finir avec le
café du Cirque, mais non avec le boulevard du
Temple, — à parler de ses *habituées*.

J'ai dit que le rez-de-chaussée était totalement
envahi par elles.

J'avoue que la plume me tourne dans les doigts
en attaquant ce sujet épineux, et ce n'est pas
sans arrière-pensée que j'ai tant tardé à l'aborder.

Les petites dames qui avaient envahi cette partie du café n'étaient pas ferrées sur les principes.

Frisette était la reine de l'endroit.

Ancienne célébrité du bal Mabille et du Châ-
teau des Fleurs, elle était venue un beau jour

s'abattre sur ce boulevard et l'avait adopté comme séjour définitif.

Chaque soir, elle venait au café faire sa partie de bézigue avec une collègue, prenait des consommations douces et employait, pour faire payer sa note, des moyens machiavéliques.

Le plus curieux dont elle s'est servie, ç'a été d'apprendre à un étranger à lire le français dans une de ces additions, que l'élève, naturellement, finissait par payer.

A..., dite Fleur-d'Amour, avait pour principale qualité une distinction rare.

De loin c'était une marquise.

De près c'était mademoiselle A....

Elle adorait le spectacle.

Elle avait adopté le café du Cirque à cause des artistes et des auteurs qui le fréquentaient, ce qui lui permettait de leur demander des billets de faveur.

C'est A... qui s'est vantée d'avoir vu jouer cent fois de suite la même pièce.

Elle la savait par cœur.

Amoureuse des acteurs, elle écrivait de temps en temps des billets doux à l'un d'eux.

Il répondait ou ne répondait pas. C'est ce qui ne regarde ni vous ni moi.

Cependant on raconte qu'un jour, sur certain poulet envoyé, on lui réexpédia en marge la réponse suivante :

— Comme ça se trouve ! J'allais vous le proposer !

Assez jolie, elle avait eu voiture, et quand on lui demandait pour quelle cause elle ne l'avait plus, elle disait :

— Je m'en suis défaite parce qu'elle m'empêchait d'aller en omnibus.

D... était la très-jolie femme du lieu.

On l'avait surnommée la femme en bois, à cause de certains mouvements automatiques dont elle ne pouvait se défaire.

Elle n'habitait pas le quartier, et pourtant peu de jours se passaient sans qu'elle y vînt.

Elle aimait ce boulevard.

Un jour, un Prudhomme du premier étage
s'arrêta devant elle, et lui dit d'un air que vous
savez :

— Pauvre enfant! si jeune et déjà si perverse!

L... le regarda, et :

— Pauvre vieux! dit-elle, voilà sa bêtise qui
lui remonte dans la tête.

Les deux sœurs P... ne quittaient jamais le
rez-de-chaussée en question.

A toute heure du jour et du soir on les y voyait.
Que faisaient-elles là?

C'est ce qu'on n'a jamais pu savoir.

Elles attendaient...

Hélas! ce que toutes les petites dames atten-
dent : la voiture et le cachemire.

L'une d'elles était assez jolie, mais jouissait
d'un caractère désagréable.

Quand on lui faisait un compliment, elle le
prenait de travers, et quand on lui disait une
insolence, elle pleurait.

— Le seul moyen de se faire aimer de cette
femme-là, avait dit un habitué, ce serait de l'assassiner tous les matins.

VI

En somme, cette clientèle féminine était la
joie de la maison.

Où sont-elles toutes maintenant? Hélas! je ne
le sais.

Pauvres filles, qui vivaient d'un souvenir, d'un
regret, d'une espérance!

Quelques-unes ont essayé de faire leur petit
trou au théâtre; elles ne sont pas arrivées et n'ar-
riveront jamais, car la déveine les poursuit; il
leur a manqué dans la vie un hasard, un incident, un coup de baguette de dame Fortune,
pour voir à leurs pieds les jeunes gens qui ont
toujours un conseil judiciaire, pour souper au
café Anglais, parader à toutes les premières
représentations, et voir leurs noms cités dans

les récits de tout chroniqueur parisien qui se
respecte un peu.

Quel est leur crime? où est leur faute?

Elles sont entrées dans la vie sans appui et
sans famille.

Elles ont cru au premier serment d'amour qui
a résonné à leurs oreilles.

Les femmes sans éducation ignorent la mé-
fiance, qui est le résultat de la civilisation.

Elles ont aimé et elles aiment encore, ces pauvres filles, derniers vestiges de la fantaisie pari-
sienne; elles n'aspirent pas aux huit-ressorts,
elles n'ont jamais songé à porter de faux cheveux
rouges, elles ne dévalisent pas les bijoutiers, et
lorsqu'elles soupent par hasard, c'est dans quelque coin obscur où on lui fait crédit, *à lui.*

Plus d'une a trouvé la fortune sur sa route
sous les traits d'un riche vieillard.

Elles ont passé de l'autre côté de la rue, où se

promenait la joyeuse misère, sous les traits d'un jeune malheureux.

Demandez à Frisette.

Leur cœur n'est pas taxé à l'hôtel des ventes comme une antiquaille des temps passés.

Quand, par hasard, l'une d'elles porte une chaîne ou des boucles d'oreilles, vous pouvez être sûrs que ces bijoux sont en doublé.

CHAPITRE SIXIÈME

CHAPITRE SIXIÈME

Les bohèmes du boulevard. — Le café des Mousquetaires. — Les orgies à 25 sous. — Menu du souper. — Ceux qui y venaient. — Ceux qui n'avaient pas les moyens d'y venir. — Darcier. — Durandeau. — Sa haine du bourgeois. — Sa façon de le faire *poser*. — L'heure de la fermeture. — Coblentz. — La réunion des tribus. — Les émigrés du boulevard. — Les noctambules. — La chanteuse improvisée. — L'erreur d'un passant. — Les amis d'autrefois. — Souvenirs et regrets,

I

Tout ce monde se retrouvait en grande partie le soir dans trois endroits :

À la table d'hôte de Clémence.

Au café des Mousquetaires.

À *Coblentz*.

II

La table d'hôte de Clémence, je demande la
permission de la réserver.

Elle me paraît mériter un chapitre spécial, et,
d'ailleurs, j'y ai si longtemps vécu que le lecteur
retrouvera là un des côtés saillants de ma vie.

Le café des Mousquetaires était le café du
théâtre Lyrique.

Il en *desservait* les entr'actes.

Dans le jour, c'était un café à l'allure tranquille et bourgeoise.

Le soir il s'animait légèrement ; et, à partir de
minuit, il devenait le repaire de tous ceux qui
n'aiment pas à se coucher de bonne heure. On y
soupait pour un franc vingt-cinq.

Prix modeste, comme vous voyez.

Je me rappelle encore le menu :

On avait droit à un saucisson, à un plat de

viande, à un dessert et à une demi-bouteille de vin.

Ces soupers avaient été établis dans l'intérêt des artistes, qui, après avoir débité leurs rôles toute la soirée, n'étaient pas fâchés de venir se *refaire*, suivant une expression du temps.

Ma grande joie était de prendre part à ces *orgies*.

Pauvre comme je l'étais à cette époque, il ne m'était pas permis tous les soirs de dépenser un franc vingt-cinq pour mon souper.

Aussi, lorsqu'il me semblait que j'avais suffisamment économisé pendant quelques jours, je m'offrais le *luxe* effréné d'un souper aux *Mousquetaires*.

Je dois dire même que j'y mettais un certain amour-propre, et que c'était avec un air profondément majestueux que vers onze heures, au café du Cirque, je laissais tomber de ma bouche ces paroles solennelles :

— Ce soir, mesdames, je soupe avec vous.

III

J'ai dit que la plupart des habitués de ce lieu, on les retrouvait dans le jour au café du Cirque.

Les artistes y étaient en assez grand nombre.

Darcier, mon brave ami Darcier, était un des abonnés les plus fidèles.

C'est là que j'ai fait sa connaissance.

Je dirai, quand il en sera temps, quel service cet excellent et célèbre chanteur m'a rendu.

Le dessinateur Durandeau était également de toutes ces fêtes.

Il était la joie de la maison.

On faisait groupe autour de lui pour l'entendre raconter ses histoires folles.

Mais ce qui l'agaçait particulièrement, c'était de se savoir écouté par un bourgeois.

Alors il s'arrêtait court et se tournant vers le bourgeois indiscret :

— Oui, messieurs, disait-il, c'est comme j'avais l'honneur de le dire, Charlotte Corday a assassiné Marat parce qu'il voulait lui lire une tragédie.

Et comme le bourgeois ouvrait de grands yeux.

— Oui, monsieur, continuait l'amusant dessinateur, ceci est de l'histoire, c'est comme pour Henri IV, je l'ai toujours blâmé de s'être laissé tuer naïvement par Ravaillac; quand on a une position comme il en avait une, on prend au moins un assassin qui a de quoi.

Et la scie se poursuivait ainsi pendant une heure, jusqu'à ce que le bourgeois épouvanté, ahuri, sentant sa tête prête à éclater, s'en allât en murmurant :

— Il est bien aimable cet artiste, mais quand il soupe, ça lui retire pas mal de son bon sens.

IV

On fermait impitoyablement le café à une heure.

6.

Malheur aux retardataires, il leur fallait se passer de souper, ou alors aller chez Bonvalet — un rêve!

En hiver, les soupeurs retournaient tranquillement se coucher; mais ceux qui craignaient d'étonner leur concierge en rentrant aussi précipitamment, se promenaient encore une heure ou deux sur le boulevard, en parlant art ou théâtre.

En été, c'était autre chose.

Les Mousquetaires fermés, *Coblentz* commençait.

V

La partie du boulevard qui est comprise entre le Château-d'Eau et le faubourg du Temple avait été surnommée Coblentz parce que les émigrés des cafés environnants s'y donnaient rendez-vous. La place était fournie abondamment de chaises et de fauteuils en fer placés là pour les promeneurs du jour.

Toutes les tribus du boulevard, celles qui étaient chassées en même temps du café des Mousquetaires, du café du Cirque et du café de la Porte-Saint-Martin, venaient s'installer sur ces chaises et dans ces fauteuils, et y devisaient entre elles jusqu'à trois heures du matin.

C'était là ce qu'on appelait *aller à Coblentz.*

Les premières nuits, les sergents de ville avaient bien essayé de chasser encore cette tribu errante, mais comme elle était composée souvent d'artistes connus, comme il leur était donné de saluer parmi eux MM. Paulin-Ménier, Lacressonnière, Omer et autres, ils avaient fermé les yeux, et, la plupart du temps, ils venaient causer avec nous.

Quels étaient les sujets de conversation à Coblentz? C'est ce dont je ne me souviens plus.

On disait du mal de celui-ci, on disait du bien de celui-là.

En somme, rien de bien intéressant.

Mais on se couchait tard, et tout était là.

VI

J'adorais ces nuits passés presque entièrement à la belle étoile, avec les artistes, mes camarades.

On m'y faisait chanter souvent, et, plus de cent fois, il m'est arrivé d'arrêter au passage, par mes chansons, quelque passant attardé, lequel ne manquait jamais de me déposer une pièce de monnaie dans la main.

Alors, c'étaient des cris de joie parmi mes amis; ils entouraient le passant charitable, lui demandaient des nouvelles de sa famille, de sa femme, et finissaient souvent par le retenir là jusqu'au jour.

Le passant jurait que son épouse devait se mourir d'inquiétude, qu'il était déjà en retard de plusieurs heures.

Rien n'y faisait ; il fallait qu'il fût puni de son erreur, et il restait.

Hélas ! époque joyeuse du temps d'autrefois, où êtes-vous ?

Et où êtes-vous vous-même, pauvre boulevard du Temple, pauvres habitués de tous ces endroits, aujourd'hui déserts et tristes ?

Quelques-uns d'entre vous sont devenus célèbres, et n'ôtent plus leur chapeau à ceux qui ne le sont pas encore ou ne le seront jamais.

Avec l'âge, la gravité nous est venue à tous, et c'est à peine si nous voulons avouer que la gaieté était la reine de notre vie aventureuse, et que notre misère commune était doublée de joies faciles.

Quelques-uns encore ne veulent même pas l'avouer, cette vie et cette misère ; et ils rougissent quand ils rencontrent ceux qu'ils tutoyaient à Coblentz.

Il n'est pourtant pas loin de nous ce temps, qui n'est déjà plus qu'un souvenir.

Moi, qu'on m'en blâme ou non, je me le rappellerai toujours avec émotion.

Et si j'ai voulu en parler si longuement, c'est que, de loin, je tenais à saluer ceux qui sont encore en arrière, à serrer la main à mes amis de jadis, et à tutoyer ceux qui, aujourd'hui, me disent humblement *vous*.

CHAPITRE SEPTIÈME

CHAPITRE SEPTIÈME

I

J'ai promis de parler de la table d'hôte de Clémence; je tiens parole.

II

Dans la cité Riverin, où je vins au monde, il y avait alors une table d'hôte qui a changé de local depuis, mais qui est restée célèbre dans le monde des théâtres.

Elle est encore tenue par une femme aux allures sauvages, qui a vu défiler à sa table tous les artistes du boulevard, et qui pourrait écrire des choses intéressantes, si elle s'était jamais donné la peine d'écouter ce qui se dit autour d'elle.

On entrait alors par la cité Riverin, on prenait la seconde porte à gauche, on montait trois étages, et l'on pénétrait dans le restaurant borgne.

Pour arriver à la salle à manger, il fallait traverser l'antichambre, qui n'était séparée de la cuisine que par un rideau dont la couleur s'était perdue dans les émanations des fourneaux.

Le rideau n'était jamais fermé tout à fait, et l'on apercevait, au fond, les formes d'un être qui ressemblait à une femme par les vêtements, mais qui avait les mouvements carrés d'un ma-réchal-des-logis-chef de cuirassiers.

C'était la ménagère.

Elle s'appelait Clémence.

Clémence tout court.

A la voir occupée à ses casseroles, noyée dans une demi-teinte, le visage éclairé par la lueur du charbon, on eût dit une figure fantastique, quelque chose comme une sorcière de Macbeth, préparant une boisson infernale.

En réalité, Clémence manipulait, dans ce coin, le dîner complet qu'elle offrait à ses habitués moyennant trente sous.

Les huîtres de Marennes ne figuraient jamais dans le menu.

III

Quant à la population féminine, elle se composait du fretin dramatique, de ces bonnes filles qui ne se font pas teindre les cheveux et qui n'ont pas les moyens de nourrir un chien vert, de la plupart enfin de celles que le lecteur connaît déjà.

Les unes ne faisaient que ce seul repas dans la journée. Je fus souvent du nombre. Avec les maigres appointements que les actrices non classées au théâtre émargent, elles ne peuvent déjeuner que de loin en loin.

Les autres étaient de pauvres femmes qui vivaient au jour le jour d'un grog qu'on leur offrait au café du Cirque, ou d'une double semelle à la sauce piquante qu'elles récoltaient à minuit au café des Mousquetaires.

Clémence tutoyait tous ses habitués.

De temps en temps, un quart de gandin s'égarait dans ce restaurant.

Le nouveau venu devait être présenté à Clémence, qui, d'un regard, toisait le néophyte, lui donnait un léger coup sur l'estomac, et lui disait avec sa franchise accoutumée :

— Ne fais pas de manières, et assieds-toi là-bas, à côté de Reynard. Tu sais, mon petit, que tu peux demander deux fois du même plat, mais que cela ne t'arrive pas souvent !

IV

Le seul client que Clémence n'ait jamais osé tutoyer, était un homme entre deux âges, l'ami des comédiens, qui avait une petite fortune. Il venait prendre ses repas à la table d'hôte.

Il était généralement considéré comme le Péreire de la maison, car, deux ou trois fois par semaine, il offrait le café aux dames, et, le dimanche, il ajoutait à ses libéralités un petit verre de liqueur.

Clémence eut cet habitué en haute estime; cependant elle s'oublia un jour où il offrit un petit verre à une femme qui déplaisait à la ménagère.

Ce jour-là, la haine l'emporta sur l'intérêt, et elle dit à son client :

— *Tu sais*, mon p'tit, que si tu continues à offrir des alcools à tout le monde, tu mourras sur la paille.

V

Je l'ai déjà dit, nous étions tous liés chez Clémence, et la conversation y avait l'abandon des mœurs du théâtre.

Deux ou trois fois par semaine, les frères Lyonnet venaient dîner avec nous.

Hippolyte, mélancolique et rêveur, arrivait avant son frère.

— Ah! mes enfants, disait-il, nous avons chanté hier chez le baron Z***. Quel succès! Je

ne dis pas cela pour moi, mais pour mon frère.
Allez! Anatole a bien du talent!

Un quart d'heure après, Anatole arrivait.

Il profitait de la première occasion pour nous
dire :

—Ah! mes enfants, nous avons chanté hier
chez la comtesse G***...

— Tiens! Je croyais que c'était chez le ba-
ronZ***, hasardait Schey.

— Non... Chez la comtesse G***, faisait Anatole.

— Mais Hippolyte nous a dit que vous avez été
chez le baron.

— Mais oui, mon ami, disait le mélancolique
Hippolyte; où as-tu la tête? Hier, nous avons
chanté chez la baronne..... tu confonds..... nous
avons été chez la comtesse avant-hier!

— Je m'y perds! s'écriait Anatole en passant
la main sur son front. Au fait, c'est vrai, nous
étions chez le baron..... Allez! Hippolyte a eu
un rude succès.

VI

Je constate avec plaisir la vogue de ces deux
jeunes gens, car ils ont toujours eu du succès.
A cette époque, ils se ressemblaient à s'y mé-
prendre. Hippolyte nous faisait rire quelquefois
avec ses imitations de Grassot; Anatole, plus
sérieux, disait des romances sentimentales en
mettant la main dans son gilet et en regardant
le plafond avec des regards inspirés.

VII

Il ne fallait jamais s'aviser de réclamer contre
le menu.

Clémence ne supportait pas ces choses-là.

Un jour, Reynard, qui était alors au théâtre
Beaumarchais, osa faire cette observation :

— Dis donc, Clémence, tu n'aimes donc pas la moutarde ?

— Pourquoi ça ?

— Parce que tu n'en mets jamais sur la table.

— Ah ! s'écria Clémence, il te faut de la moutarde à présent ? Pourquoi pas tout de suite des truffes ?

Le lendemain Reynard revint.

Mais il attendit en vain son potage.

Il interpella Clémence, qui lui répondit :

— C'est pas assez bon pour toi, mon fiston. Faut que tu ailles à la Maison-d'Or ou au restaurant du Cirque.

— Ah ! mais... ah ! mais !

— Il n'y a pas d'*ah ! mais*; fais-moi le plaisir de décamper plus vite que ça et ne reviens jamais.

— Ah ! tu refuses ?

— Absolument.

— Eh bien, nous allons bien voir !

Reynard disparut.

Sur le boulevard il rencontra un garde municipal, et alla droit à lui.

— Hé ! bonjour, mon brave, vous ne me re-
connaissez pas ?

— Attendez, non !... si... non !

— M. Reynard, du théâtre Beaumarchais. Ça
va bien depuis que nous ne nous sommes vus ?...
moi aussi, merci... Avez-vous dîné ?

— Non, j'allais dîner chez moi.

— Voulez-vous me faire le plaisir de dîner
avec moi ?

—Ah ! monsieur Reynard, vous êtes bien bon.

— Je vous en prie.

— Soit, mais où vais-je vous trouver ?

— Mais nous y allons tout de suite.

— C'est que je voulais rentrer...

— Pourquoi faire ?

— Dam ! pour me mettre en bourgeois.

—Ne vous en avisez pas, s'écria Reynard !

Et il passa son bras sous celui du militaire.

Reynard remonta chez Clémence.

— Eh bien, me voilà, dit-il; veux-tu me donner à dîner ?

— Jamais.

— Eh bien, nous allons voir.

— Entrez donc, mon ami, dit le comédien au garde municipal, qui était resté à la porte.

A la vue de l'autorité, les traits de Clémence se décomposèrent.

— N'est-ce pas, mon ami, dit Reynard au soldat, nous dînerons ici tous les deux ?

— Tous les *deusse*, assurément.

— Et avec de la moutarde encore.

— Oui, avec de la moutarde, sabre de bois ! dit le garde municipal d'un ton qui ne souffrait pas de réplique.

Reynard et son invité vinrent s'asseoir à la table.

Clémence était aux petits soins !

Au dessert, Reynard lui dit :

— Écoute bien, Clémence : la première fois qu'il n'y aura pas de moutarde sur la table, je le ramène.

Et se tournant vers le municipal, qui ne se doutait pas du rôle qu'on lui faisait jouer, il ajouta :

— N'est-ce pas, mon brave, vous reviendrez ?

— Assurément ! fit le soldat, autant de *foisse*
qu'il vous sera agréable.

Depuis ce jour, Clémence ne manquait jamais
de donner de la moutarde.

CHAPITRE HUITIÈME

CHAPITRE HUITIÈME

I

Quelques mots encore sur la table d'hôte de Clémence. Je n'ai pas dit tout ce que j'en sais.

Le ton général de la conversation était assez dégagé. C'étaient des réunions d'artistes, où chaque convive apportait sa part de gaieté.

Febvre, qui joue maintenant les premiers rôles au Vaudeville, commençait alors sa carrière; il ne gagnait pas encore les gros appointements d'aujourd'hui et il venait modestement dîner avec nous à trente sous!

Au dessert, il jouait quelquefois du violon, car il est bon musicien.

Schey, le gai comique du boulevard, faisait, lui aussi, partie de notre table.

Il commençait déjà à se faire une réputation, et certes personne ne se douterait que cet excentrique comédien a commencé par jouer du Racine et du Corneille.

II

Schey a, pendant plusieurs années, voyagé avec l'illustre Rachel.

Lui et un autre acteur du Châtelet, M. Noailles, étaient les deux étoiles de la troupe ambulante de la grande tragédienne.

Schey nous racontait volontiers ses mésaventures.

Il n'avait pas beaucoup de dispositions pour la tragédie.

Généralement, quand il entrait en scène, coiffé du casque antique, une bordée de sifflets l'accueillait.

Alors Schey disait à son camarade Noailles :

— Le parterre est mécontent, remontons la scène.

Et ils allaient causer dans le fond.

Quand l'orage avait cessé de gronder, Schey et Noailles revenaient vers la rampe.

Nouveaux sifflets.

— Nous n'avons pas assez remonté, disait Schey.

Puis, après le spectacle, les deux tragédiens s'en allaient souper dans quelque restaurant de la ville.

Ils y entendaient des dialogues de ce genre :

PREMIER BOURGEOIS. — Si cet animal de Schey

joue encore une fois *Polyeucte*, il faudra lui jeter des pommes cuites.

DEUXIÈME BOURGEOIS. — Ce qui m'étonne, c'est que la police tolère de pareilles représentations!

III

On voit que nos deux artistes retrouvaient au cabaret le succès du théâtre.

Ils avalaient leur honte et leur souper! comme dirait M. Commerson du *Tintamarre*.

Aujourd'hui, les deux tragédiens se sont fait des positions plus dignes de leur talent.

Schey joue les comiques au théâtre de la Porte-Saint-Martin.

Noailles monte à cheval dans les pièces militaires du Cirque.

Noailles n'a pas eu de chances. Ce garçon serait allé loin sans son accent auvergnat.

C'est Alexandre Dumas qui a inventé Noailles.

Le grand romancier s'intéressait à ce brave garçon, il lui confia le rôle d'Hamlet.

Il eut quelque succès.

Et cependant l'opinion générale s'étonnait de voir un prince auvergnat héritier du trône de Danemark.

Plus tard, Noailles fut engagé à l'Odéon.

Il se fit une réputation au quartier latin... comme joueur de billard.

Un soir, au milieu du quatrième acte de je ne sais plus quelle tragédie, un spectateur cria :

—Hé! Noailles! Assez de classique! Viens-tu faire trente carambolages au café Tournon?

Noailles s'avança vers la rampe, et répondit :

— Messieurs! à présent la tragédie! plus tard le billard!

Aujourd'hui, Noailles joue les adjudants chez M. Hostein, et il n'a pas de rival pour dire :

—Général! on voit d'ici les avant-postes de l'armée ennemie...

IV

J'ai déjà dit qu'à cette époque j'étais à la Porte-Saint-Martin, où je jouais le drame.

Chez Clémence, je chantais quelquefois au dessert. Un comédien du Cirque m'engagea à changer de théâtre, à chercher un engagement chez M. Billion, son directeur, qui faisait répéter alors une nouvelle féerie.

Cette proposition me sourit beaucoup, car, dans une féerie, j'espérais trouver l'occasion de chanter quelques couplets.

Le lendemain, j'allai au théâtre du Cirque.

On me présenta à M. Billion, et c'est à moi qu'il fit ce mot des *muses* à jamais célèbre. Rapportons-le pour ceux des lecteurs qui l'ignorent.

— Vous savez chanter? me demanda le directeur.

— Un peu !

— Eh bien, vous jouerez l'une des neuf Muses!

— Mais, monsieur le directeur, fit le régisseur, vous n'y songez pas, les neuf Muses sont distribuées.

— Qu'est-ce que cela fait? s'écria le directeur fantaisiste, nous aurons une dixième muse; d'ailleurs, ça garnira bien plus la scène.

L'auteur ne voulut jamais consentir à ajouter une dixième muse à sa collection, et l'affaire n'eut pas de suites.

Je restai à la Porte-Saint-Martin, et je continuai à dîner chez Clémence.

V

Ici se place un incident qui mérite d'être raconté, et dont le souvenir me trouble et m'émeut encore aujourd'hui.

Depuis que je suis devenue, à tort ou à raison, une célébrité, j'ai vu bien de mes anciens amis se changer en ennemis.

Ils m'envient ma popularité, mes succès, l'argent que je gagne, que sais-je?

Ils ne savent pas, les malheureux, que j'ai chèrement payé tout cela, et que j'ai acheté chaque heure de calme et de joie par des journées entières de misère et de désespoir.

A la fin du mois, quand j'avais épuisé ma petite bourse, Clémence me faisait généralement crédit jusqu'au commencement du mois suivant, quoiqu'elle eût contre moi une antipathie qu'elle ne cachait d'ailleurs pas.

Un soir, j'arrivai comme d'habitude à l'heure du dîner.

C'était vers la fin du mois... Il ne me restait plus d'argent depuis plusieurs jours, et je n'avais mangé qu'un petit pain... le matin, à neuf heures.

Jugez de mon appétit!

Au moment où j'allais me mettre à table, Clémence m'aborda brusquement :

— Que viens-tu faire là?

— Parbleu ! je viens dîner.

— Du tout, du tout ! cria Clémence ; tu me dois déjà neuf francs, et c'est bien assez pour toi.

Je rougis de honte et de colère.

J'allais me lever et sortir, quand une main serra la mienne, et une voix douce et sympathique murmura à mon oreille :

— Payez cette femme sur-le-champ !

Je regardai mon voisin.

C'était Dumaine... l'excellent artiste de la Gaîté.

J'hésitai un instant... puis j'acceptai ; et, tendant à Clémence les dix francs que Dumaine venait de me donner :

— Payez-vous, lui dis-je.

A la vue de l'argent, Clémence se radoucit ; elle voulut s'excuser, mais déjà Dumaine était debout.

— Pas un mot ! dit-il à Clémence. Tu viens

de faire un affront à cette pauvre Thérésa, tu vas être punie !

Et, s'adressant à nos camarades, Dumaine ajouta :

— Mes amis, il s'est passé un fait scandaleux... on a outragé une pauvre fille dans sa misère. Mettons le restaurant en interdit pour quinze jours. Que ceux qui ont du cœur me suivent... Je connais un petit bouchon à Belleville où l'on n'est pas mal du tout. Allons-y !

— Bravo, Dumaine ! s'écria la joyeuse bande.

Et nous allâmes dîner à Belleville.

Le repas fut fort gai.

Moi seule je restai triste et je ne mangeai pas ; la noble conduite de mes camarades ne put effacer le souvenir du sanglant affront que je venais de subir.

Je n'ai jamais rendu les dix francs à Dumaine ; il est des choses qu'on ne peut restituer sans froisser une nature délicate.

Aujourd'hui que je puis braver le courroux des créanciers farouches, aujourd'hui que j'ai de gros appointements, chaque fois qu'un pauvre artiste s'adresse à moi, qu'un nécessiteux quelconque invoque ma charité, je lui fais l'aumône en me disant à part moi :

— Ce sont les dix francs de Dumaine.

Je ne sais pas au juste combien m'ont coûté, jusqu'à ce jour, les dix francs de Dumaine, et cependant je suis toujours sa débitrice. Mais je connais Dumaine et son cœur, et il aime mieux cette restitution-là qu'une autre.

CHAPITRE NEUVIÈME

CHAPITRE NEUVIÈME

Projets d'une comédienne en herbe. — L'école lyrique. — Le
public. — Aimables facéties. — Des musiciens supplémentaires.
— Les actrices. — Comment on organise les fêtes. — Un père
noble de la banlieue. — Ses débuts. — Une pensionnaire du
Palais-Royal. — Un bouquet qui oublie sa réplique. — La salle
Molière. — Art dramatique et tabac. — Les musiciens classiques.
— Où l'on prend les ténors. — L'orchestre. — *Haydée*, jouée
par une modiste. — La pièce revue et corrigée par le public. —
Les professeurs de déclamation. — Ricourt. — Une pépinière
de tragédiens. — M. Boudeville. — Une leçon de déclamation.
— Molière interprété par une petite dame.

I

Ma petite position au théâtre de la Porte-
Saint-Martin ne suffisait pas à mon ambition;
je voulais devenir une actrice célèbre, et, pendant quelque temps, je suivis les représentations de l'École Lyrique et de la salle Molière.

L'École Lyrique, autrement dit le théâtre des Jeunes Artistes, est située rue de la Tour-d'Auvergne. C'est là que les petites dames, possédées de la manie dramatique, se livrent à leurs ébats.

Mais ces demoiselles n'ont d'ordinaire qu'un médiocre respect pour leurs rôles et pour le public.

C'est dans la salle qu'est le vrai spectacle, dans la salle, où sont réunis le ban et l'arrièreban des gandins.

On suspend les pièces sans façon, pour rire avec les avant-scènes, et échanger des lazzis par-dessus la rampe.

Quand les *lions* de la première galerie sont de bonne humeur, ils éteignent le gaz au milieu d'une scène.

Souvent aussi, les gentilshommes de l'orchestre arrivent munis de trompettes-ballons, et se chargent de renforcer l'orchestre, qui se compose d'un seul et unique pianiste.

Sur la scène, on mâchonne un certain nombre

de phrases qui rappellent très-vaguement *les Folies amoureuses* ou *le Piano de Berthe*.

Les femmes de chambre, placées aux avant-scènes, lancent des bouquets à la tête de leurs maîtresses.

Et on s'en va joyeusement, après avoir été rappelé par le public enthousiaste.

O prestige du théâtre!

II

Quand une petite dame veut organiser une représentation au théâtre des Jeunes Artistes, elle s'adresse à un entrepreneur de ces sortes de spectacles; celui-ci se charge de tout, de la location de la salle, des affiches, des billets, des contrôleurs et de la troupe; il loue un jeune premier dans les environs de Belleville, et recrute un père noble aux Batignolles.

Puis, la grande soirée des débuts arrive.

Dans la salle sont les amis et les farceurs.

Les habitués des fauteuils d'orchestre échangent de grosses plaisanteries avec les personnes qui se sont procuré des premières loges à raison de dix francs.

La débutante paraît.

Une pluie de fleurs l'accueille et l'encourage.

Elle salue le public avec beaucoup de grâce.

Parfois elle dit à un jeune Cocodès des avant=scènes :

— Bonjour, Anatole; c'est bien gentil à toi d'être venu voir ta petite Ernestine.

Le public est tellement habitué à toutes ces extravagances qu'il a pris le parti de ne plus s'étonner de rien.

Un soir, une jeune personne qui renforce les chœurs de sortie au théâtre du Palais-Royal, ayant voulu prouver à son directeur qu'elle pouvait aspirer à d'autres destinées, organisa une représentation dans laquelle elle jouait quatre rôles différents.

La première pièce était un vaudeville dans lequel elle avait à chanter une ronde.

Après le premier couplet, dit avec un exquis sentiment de la fausse musique, un gandin se leva et fit mine de lancer un énorme bouquet sur la scène.

— Imbécile ! s'écria l'actrice ; je vous ai dit de me le jeter après le troisième couplet.

On riait un peu.

Le gandin et le bouquet se retirèrent au fond de la loge.

Quand l'actrice eut terminé sa ronde, elle attendit...

Le gandin s'était endormi.

Elle s'approcha de l'avant-scène, et murmura assez haut pour être entendue des premiers rangs de l'orchestre :

— Idiot, vous oubliez mon bouquet !

Une seconde après, les fleurs tombèrent aux pieds de la grande artiste.

III

A la salle Molière débutent les chanteurs de l'avenir.

La salle Molière est située dans un coin du passage du Saumon.

On achète au bureau de tabac, moyennant cinq sous, un londrès, et un petit morceau de papier qui, moyennant dix autres sous, déposés sur l'autel de Thalie, vous donne accès dans la salle de spectacle.

En entrant, on remarque les portraits de Molière, de Racine et de Corneille, que les habitués de l'endroit prennent pour trois musiciens distingués.

Des barytons de contrebande, des ténors en rupture de province, des soprani d'Asnières, s'y réunissent de temps en temps pour interpréter — à leur façon — les partitions célèbres.

On m'assure que les entrepreneurs de ces

petites fêtes de l'intelligence se procurent des
ténors n'importe où, même à la halle aux
huîtres.

IV

A la salle Molière, j'ai entendu un soir le premier acte d'*Haydée*.

Le décor était superbe.

La table somptueuse était couverte d'un tapis
à deux francs cinquante.

Les chœurs brillaient par leur absence.

Le spectacle commença.

— *Enfants de la noble Venise!* chantait
Lorédan.

Une portière du quartier qui croyait qu'on
s'adressait à elle s'écria :

— Tiens! ce garçon est poli.

A un moment donné, Malipiéri dit à ses gentilshommes, représentés par un seul figurant :

— Je parie cent pièces d'or au premier coup de dés !

— Jouez-les donc plutôt au bezigue ! fit un spectateur de la première galerie.

Tout l'opéra à été mené de cette façon. Le rôle d'Haydée était tenu par une modiste de la rue Montmartre.

V

J'avais aussi l'intention de prendre des leçons de déclamation.

Deux professeurs, célèbres entre tous, élèvent des actrices et se font trois mille francs de rente à ce métier.

L'un est M. Ricourt; celui-là est fort recherché des futures tragédiennes.

L'autre s'appelle M. Boudeville; il donne des leçons de comédie.

Une de mes amies qui se destinait au théâtre,

projet qui n'a jamais eu de suites, prenait alors des leçons chez cet excellent professeur.

Les leçons que donne M. Boudeville sont toujours bonnes, mais quelquefois elles prennent, malgré lui, une tournure comique.

Je rapporte ici une leçon, dont je fus témoin dans la seule visite que j'ai faite à ce professeur.

UNE LEÇON CHEZ M. BOUDEVILLE

(Il est dix heures du matin. Le professeur est dans son salon; entre Angèle, jeune personne qui se destine au théâtre.)

BOUDEVILLE. Bonjour, mademoiselle.

ANGÈLE. Bonjour ! commençons, car je suis pressée.

BOUDEVILLE. Vous êtes pressée, mademoiselle? Voulez-vous remettre votre leçon à un autre jour.

ANGÈLE. Non ! allons-y gaiement !

9

BOUDEVILLE. Voyons ! répétons *le Misanthrope.*
Je vous donne la réplique d'Alceste ; commençons.

> Et je vous promettrais mille fois le contraire,
> Que je ne serais pas en pouvoir de le faire !

Allez, mademoiselle !

ANGÈLE (*déclamant*).

> C'est pour me quereller donc, à ce que je voi,
> Que vous avez voulu me ramener chez moi.

BOUDEVILLE. En disant : *me ramener chez moi !*
levez le bras droit, mademoiselle !

ANGÈLE. Je ne peux pas ! Ce monstre d'Alfred
m'a pincée au bleu ce matin ! j'ai le bras en
compote...

BOUDEVILLE. Passons !

> Vous avez trop d'amants qu'on voit vous obséder...

ANGÈLE. Cela ne vous regarde pas ! Vous êtes
un insolent !

BOUDEVILLE. Pardon, mademoiselle ! c'est dans
la pièce !

ANGÈLE. Ah ! je croyais ! C'est qu'il ne faudrait

pas me la faire, celle-là... Je suis déjà bien assez agacée !

BOUDEVILLE. Voyons, mademoiselle, étudions :

Vous avez trop d'amants qu'on voit vous obséder,
Et mon cœur de cela ne peut s'accommoder.

ANGÈLE (*avec tendresse*). Que vous êtes bête, Boudeville !

BOUDEVILLE. Soyez sérieuse, mademoiselle Angèle ! Allons ! à votre réplique !

ANGÈLE. J'y suis ! (*Elle déclame.*)

Des amants que je fais me rendez-vous coupable ?

Dites donc, Boudeville, c'est bien canaille !

BOUDEVILLE. Mademoiselle ! je vous en prie...

ANGÈLE (*récitant*) :

Puis-je empêcher les gens de me trouver z-aimable ?

BOUDEVILLE... De me trouver z-aimable ? Faites donc attention, mademoiselle !

ANGÈLE (*continuant*) :

...... De me trouver z-aimable
Et lorsque pour me voir ils font de doux efforts,
Dois-je prendre z-un bâton pour les mettre dehors ?

BOUDEVILLE. Mademoiselle, si vous dites pren-dre-z-un bâton, vous ne débuterez jamais à la Salle Lyrique. On dit : prendre un bâton!

ANGÈLE. On ne prononce donc pas l'S?

BOUDEVILLE. (A *part*.) Quelle grue! (*Haut*.) Con-tinuez, mademoiselle. Je vous donne la ré-plique :

> Ou sa façon de rire, ou son ton de fausset
> Ont-ils de vous toucher su trouver le secret?

ANGÈLE (*d'un ton d'indifférence*) :

> Qu'injustement de lui vous prenez de l'ombrage!

BOUDEVILLE. Allons, mademoiselle! un peu de grâce dans votre maintien !

ANGÈLE. Vous êtes encore poli, vous !

BOUDEVILLE. Je n'ai pas dit cela pour vous insulter.

ANGÈLE. Vous n'avez que des choses désagréa-bles à me dire.

BOUDEVILLE. Il faut bien que je vous enseigne l'art dramatique. Continuez.

ANGÈLE. Je veux bien, mais ne recommencez pas.

Ne savez-vous pas bien pourquoi je le ménage,
Et que, dans mon procès, ainsi qu'il m'a promis,
Il peut intéresser tout ce qu'il a d'amis?

BOUDEVILLE (*bâillant*).

Perdez votre procès, madame, avec constance,
Et ne ménagez point un rival qui m'offense.

ANGÈLE (*avec tendresse*). Ah! Boudeville, si c'était vrai! Si vous vouliez me venger de ce monstre d'Alfred?

BOUDEVILLE (*avec dignité*). Je vous en prie, mademoiselle, ces choses-là ne me regardent pas.

ANGÈLE. Vous n'aimez donc pas les femmes, Boudeville?

BOUDEVILLE (*exaspéré*). Non! Continuons notre leçon!

ANGÈLE. C'est pourtant bien gentil, les femmes.

BOUDEVILLE. A la réplique, je vous prie!

ANGÈLE (*récitant*).

Mais de tout l'univers vous devenez jaloux!

BOUDEVILLE (*bâillant plus fort*).

C'est que tout l'univers est bien reçu de vous.

ANGÈLE. Ah ! c'est trop fort, Boudeville ! Vous
êtes un grossier personnage.

BOUDEVILLE. Mais, mademoiselle ! c'est dans
Molière !

ANGÈLE. Je me fiche pas mal de votre Molière. Je ne connais que vous ! Vous êtes insolent avec les femmes. Ça ne me va pas ! Je m'en
vais chez Ricourt !   (*Elle sort furieuse.*)

. . . .

CHAPITRE DIXIÈME

CHAPITRE DIXIÈME

Un sujet périlleux. — Mes amours. — *Lui*. — Bouquet et missive. — Le cœur d'une chanteuse. — Ne riez pas. — Les filles de théâtre. — Un premier battement de cœur. — Une soirée orageuse. — Mes hésitations. — Une proposition *ex abrupto*. — Je me consulte. — Résolution-subite, — Une révélation. — Départ de Paris.

I

Quelques années se passèrent ainsi, pleines d'espérance et de misère, attendant toujours la fortune, qui ne venait pas;

Lorsqu'un roman véritable entra avec effraction dans ma vie, jusqu'alors assez prosaïque.

9.

Ici, j'éprouve un certain embarras. J'ai promis au lecteur d'être franche et de tout dire, et ce que j'ai maintenant à raconter touche au côté le plus délicat de ma vie.

Je veux parler de mes amours.

II

Certes, je suis demoiselle et maîtresse de moi-même, or les artistes, à mon sens, ont cet étrange privilége de n'être pas tenues à une grande régularité de mœurs, mais à ceux qui me connaissent actuellement, à ceux qui ne voient en moi que la chanteuse folle, sans grande beauté, *la gardeuse d'ours*, enfin, je ne sais comment faire croire que, moi aussi, j'ai eu mon idylle, ma pastorale pleine de poésie et de douleur.

Et cependant rien n'est plus vrai.

Qui ne sait, d'ailleurs, que toute femme, si peu jolie qu'elle soit, gravit à un moment donné ce que j'appellerai le calvaire de l'amour?

Et elles ont, quand vingt ans sonnent dans leur cœur, leur passion et leur martyre.

L'amour n'est-il pas, lui aussi, une religion dont les femmes sont incessamment les apôtres?

III

J'ai aimé.

J'ai aimé avec frénésie, avec délire.

. . . . Il se nommera Paul, si vous voulez.

Où je l'ai vu pour la première fois? — Je vais vous le dire.

C'était à une représentation de théâtre de la Porte-Saint-Martin. Je jouais je ne sais plus quel rôle, dans je ne sais plus quelle féerie.

Je lui avais plu...

. . . . Oh! par grâce, ne riez pas, vous qui m'avez entendue chanter : *Rien n'est sacré pour un sapeur !*

Il m'écrivit en m'envoyant un bouquet.

Mon étonnement fût grand ; c'était la première fois que, pauvre fille assez déshéritée de ces sortes de galanteries, je recevais pareille déclaration.

Je ne répondis point.

Toute privée que j'étais des hommages de cette sorte, je savais quelle était l'opinion de certains hommes sur les filles de théâtre.

Je ne comprenais point que, par cela seul qu'on était sur les planches, un homme se crût le droit, le soir même, de vous offrir son cœur enveloppé dans un souper.

Je ne le comprends pas encore, du reste, et il faut qu'on élève les jeunes gens dans un curieux mépris des actrices pour qu'ils traitent celles qu'ils ne connaissent point comme ils traitent celles qu'ils connaissent.

IV

Mon refus l'étonna sans doute, car il revint le lendemain.

Et, ce lendemain-là, il m'envoya une nouvelle lettre et de nouvelles fleurs.

Mais la lettre était déjà plus respectueuse et les fleurs étaient plus belles.

Je relevais la tête fièrement sous cette insistance flatteuse, mais je demeurai muette comme la veille.

Il se piqua au jeu, et, un mois durant, ce furent lettres et fleurs, lesquelles restaient toujours impitoyablement sans réponse.

Enfin, un soir, que je sortais de la représentation, je le vis qui m'attendait à la porte.

Il était pâle, tremblant, et quand il s'approcha de moi pour me parler, je crus qu'il allait se trouver mal.

— Mademoiselle, me dit-il, vous êtes donc bien rigoureuse...

Je le regardai sans répondre.

Sa persécution m'avait rendue rêveuse. Quelle est la femme qui ne pense pas un peu à celui qui pense beaucoup à elle?

Il était jeune, — je n'ose dire beau, — tant j'ai peur de ma *Gardeuse d'ours.*

Il répéta sa phrase.

— Je vous aime pourtant, ajouta-t-il.

Je ne sais s'il comprit à mon regard que je n'étais pas disposée à répondre à cet aveu par des banalités, car il me tendit son bras.

Je le pris.

Il me dit qui il était.

C'était un garçon naïf, plein de foi, et il me sembla bien qu'il me dit encore qu'il était riche.

Tout en causant, le calme lui était revenu; il me parla de ses projets.

Il voulait s'emparer de ma vie pour en faire une vie luxueuse et toute d'adoration.

Quand nous nous trouvâmes sous le réverbère

qui éclairait l'entrée de ma maison, je m'arrêtai.

Je n'avais encore rien dit.

Il releva mon voile, assez étonné de ce mutisme prolongé, et poussa un petit cri de joie.

Je pleurais à chaudes larmes.

V

Oui, je pleurais, et que ceux qui m'ont entendue chanter *l'Espagnole de carton* rient s'ils le veulent, je pleurais des larmes de reconnaissance.

C'était la première fois que de telles paroles, aussi sincèrement et naïvement dites, résonnaient à mon oreille.

C'était la première fois, depuis la mort de mon père, que j'avais trouvé dans la voix d'un homme des accents aussi tendres.

C'était la première fois, enfin, que mon cœur battait parce qu'un autre cœur battait pour moi.

Il me prit la main, la baisa, et dit :

— Je reviendrai demain!

Et il s'enfuit en courant.

VI

Je remontai chez moi, et ne pus dormir de la nuit.

Je luttais déjà contre mon amour naissant; je me demandais ce qu'il fallait faire, si je devais m'abandonner à cette tendresse folle, si je devais accepter cette amitié qui s'offrait à moi au mo- moment même où je combattais contre mon abandon et ma solitude.

Il revint le lendemain.

Il était en habit de voyage.

— Je ne veux pas, dit-il, que notre liaison ait la tournure des autres; je veux y mettre toute la foi que j'ai mise dans mon amour. Thérésa, voulez- vous partir avec moi?

— Abandonner mon théâtre? m'écriai-je.

— Voulez-vous partir avec moi? répéta-t-il ; nous irons où vous voudrez. Mais je veux vous arracher à votre vie actuelle, je veux que personne de ceux qui vous connaissent ne puisse sourire en vous voyant à mon bras.

Ces paroles, dites avec fermeté, furent comme des paroles magiques.

En un instant je repassai en moi-même mon existence folle, compromettante à plaisir, ma vie de bohême, et l'opinion qu'avaient de moi le monde et mes camarades.

Je jetai un cri.

— En effet, dis-je; on croit que je suis une fille perdue!

Et je courus fiévreusement à lui, comme si lui seul pouvait me défendre contre cette pensée terrible. Il m'accueillit avec empressement.

— Je ne le crois pas, moi, dit-il doucement.

Je me reculai et lui pris la main.

— Vous êtes bon, vous, lui dis-je... Quand partons-nous?

CHAPITRE ONZIÈME

CHAPITRE ONZIÈME

I

Le soir même nous étions en route.

Grand dut être l'étonnement des camarades de mon théâtre et du café du Cirque en ne me voyant plus au milieu d'eux.

Nous voyageâmes deux mois.

Où allâmes-nous ? Je ne le sais plus.

Nous étions partis pour la Belgique, et nous nous trouvions en Normandie.

J'étais étourdie de mon bonheur.

Paul m'aimait... moi, je l'adorais.

Un jour que nous étions en halte dans un petit village, aux environs de Rouen, j'étais seule dans une chambre de l'hôtel. Paul m'avait quittée pour aller prendre je ne sais quels renseignements, lorsque le garçon m'annonça qu'un étranger désirait me parler.

J'ouvris de grands yeux à cette nouvelle. Comment pouvais-je connaître quelqu'un dans ce village, et que pouvait avoir à me dire cet étranger, à moi, pauvre fille ignorée de tous?

Je donnai l'ordre de laisser monter.

La porte s'ouvrit et l'étranger parut.

Je ne le connaissais pas, et pourtant, à sa vue, mon cœur se serra et je me sentis pâlir. Il me semblait que cet homme m'apportait une douleur, et venait renverser tous mes projets d'avenir.

— Mademoiselle, me dit-il, je suis le père de celui avec qui vous avez fui Paris depuis deux mois... J'ai beaucoup couru pour vous rejoindre, mais j'aurais couru longtemps encore, car je veux vous reprendre mon fils.

— Me reprendre Paul? m'écriai-je.

— Je ne veux pas que cette liaison continue... Je pardonne et je comprends toutes les folies de la jeunesse, mais quand le côté sérieux de la vie est engagé, mon devoir est de m'interposer... Combien me demandez-vous, mademoiselle, pour me rendre mon fils?

J'eus comme un étourdissement, mon cœur se mit à battre avec force.

Cette proposition, si brutalement faite, m'avait prise à la gorge et me coupait la voix.

Du même coup, toute ma vie passée me revint dans la pensée, et je voyais de loin ce père demandant à mes amis de Paris ce que j'étais et ce qu'il fallait me dire pour que je renonçasse à l'amour de son enfant.

Voyant que je ne répondais pas, l'étranger continua :

— Je puis, dit-il, mettre une somme de vingt mille francs à votre disposition ; elle est là, dans ce portefeuille ; et lorsque vous aurez écrit à mon fils que vous le quittez, lorsque je vous aurai moi-même reconduite à Paris, je vous remettrai cet argent.

L'étourdissement se dissipa, et je pus enfin rentrer comme en possession de moi-même. J'éclatai en sanglots.

— On vous a donc dit bien du mal de moi ? m'écriai-je.

II

Il parut stupéfait.

— Mais... non, balbutia-t-il.

— Voulez-vous que je vous dise la vérité ? repris-je ; voulez-vous que je vous dise mon humble histoire ?

— Oui, fit-il en me regardant avec le même étonnement.

Et je lui racontai tout.

— Si c'est ainsi, me dit-il, pardonnez-moi. Mais le danger est encore plus grand que je ne croyais... Mademoiselle, voulez-vous faire à un vieillard la grâce de lui rendre son unique enfant?

— Non, m'écriai-je, non, car vous êtes riche, vous; vous l'avez eu jusqu'à cette heure, et moi je suis sans famille, sans ami; je n'ai que lui, et, lui parti, toute ma vie est brisée... morte!

Et, quittant vivement la chambre où nous étions, je courus en affolée au-devant de Paul, et je lui criai :

— Emmène-moi, emmène-moi, ton père veut m'obliger à te quitter!

Paul me prit dans ses bras comme on fait d'un enfant, et m'emporta.

Comment trouvâmes-nous une voiture? comment le soir même étions-nous installés au Havre? c'est ce que je ne saurais dire, tant j'étais à moitié insensée, à moitié délirante.

III

Hélas! que le lecteur me blâme s'il le veut d'avoir été aussi implacable envers un père; mais j'aimais tant, j'étais en proie à une passion si désordonnée, j'avais goûté à ce bonheur ineffable de me sentir aimée, moi qui ne l'avais jamais été, que pour garder ce bonheur, conserver cet amour, j'eusse tout sacrifié.

IV

Cela ne me porta point bonheur.

Paul, au bout de quelque temps, se refroidit sensiblement.

Comment reçus-je les premières atteintes d'une si grande douleur?

Celles qui ont aimé le comprendront. Je crus qu'il n'y avait plus pour moi qu'à mourir.

J'essayai de raviver un amour qui allait s'éteignant.

Rien ne fit.— Le vieillard m'avait marquée du doigt.

Enfin, au bout de trois mois, un matin, le garçon de l'hôtel me monta une lettre.

Elle était de l'écriture de Paul.

Je pâlis.

— Pourquoi monsieur m'écrit-il? dis-je au garçon.

— Il est parti ce matin, madame.

Je portai la main à mon cœur, il ne battait plus.

J'ouvris la lettre ; je conservais encore une parcelle d'espérance.

C'était bien une lettre d'adieu.

Et j'étais seule, dans un pays inconnu, sans ressources.

Avec son amour, la délicatesse de Paul s'était envolée.

Je tombai malade. Comment ne suis-je pas morte, voilà ce que je ne comprends pas.

L'hôtelier eut pitié de mon état; toutefois, il ne me donna l'argent nécessaire pour revenir à Paris que contre une partie de mes effets que je lui laissai en gage.

V

Voilà mon idylle, lecteurs ; vous voyez qu'elle ressemble bien à toutes celles que vous avez connues ou que vous connaîtrez.

J'ai aimé et j'ai souffert.

N'est-ce pas assez pour que l'histoire amoureuse de celle qui chante le *Sapeur* ait trouvé grâce devant vous.

CHAPITRE DOUZIÈME

CHAPITRE DOUZIÈME

I

Je revins donc à Paris.

Je ne vous parlerai pas de la joie que j'éprouvai
en revoyant la grande ville.

Vous avez tous connu cette émotion.

Il suffit qu'un Parisien aille passer sa journée

à Meudon pour que son cœur palpite quand le train entre en gare à la barrière Montparnasse.

Après être descendu de wagon, je comptai mon argent.

Il me restait quatre francs.

J'étais sans domicile, sans ressources et sans espoir pour le lendemain.

Je courus au boulevard du Temple, où j'étais sûre de retrouver des amies.

L'une d'elles, G..., était engagée à un petit théâtre que je ne nommerai pas.

Cette excellente fille m'offrit l'hospitalité, que j'acceptai avec reconnaissance.

II

Il y avait juste trois mois que la petite G... n'avait émargé sur les livres de son directeur.

L'impresario avait d'ailleurs pris l'habitude de payer ses comédiens le moins souvent possible.

Quand un acteur venait réclamer, le directeur répondait invariablement :

— Mon ami, je n'ai pas d'argent...

— Mais...

— Un peu de patience ! En attendant, j'augmente vos appointements.

C'est ainsi qu'un simple troisième comique était arrivé, d'augmentation en augmentation, au superbe chiffre de six mille francs d'appointements, inscrits sur le grand-livre du théâtre.

Mais un soir, l'acteur se fâche.

Quelques minutes avant le lever du rideau, il pénètre dans le cabinet du directeur, et dit :

— Monsieur, donnez-moi un à-compte ou je ne joue pas ce soir.

— Malheureux ! s'écrie le directeur, vous voulez donc me ruiner ?

— Cela m'est égal... je ne peux pas jouer... je n'ai pas encore dîné.

— Cher ami, dit le directeur, vous prenez de

mauvaises habitudes. Moi, qui m'intéresse vivement à vous, je vous affirme que vous n'êtes jamais plus drôle que lorsque vous n'avez pas dîné.

III

On comprendra que mon amie, qui jouait dans
ce théâtre, ne roulait pas sur l'or.

Je m'aperçus bientôt de sa détresse, et je
résolus de ne pas abuser davantage de son hospitalité.

Je sortis.

Où allais-je ?

Je n'en savais rien ; je marchais tout droit, sans
but de promenade, à la recherche de ce rien qu'on
appelle le HASARD, et qui change en une seconde
nos destinées.

Au boulevard Saint-Martin, je rencontrai un
homme très-connu dans notre monde.

Il s'appelle Bernard Latte.

C'est un curieux type.

Bernard Latte a été un des premiers éditeurs de musique de Paris, et l'un des fondateurs du Jardin d'Hiver aux Champs-Élysées.

Il a aimé le plaisir... il s'est amusé... beaucoup... trop !

Le Jardin d'Hiver et le magasin de musique ne suffirent pas à ses besoins.

Les mauvais jours arrivèrent.

Bernard Latte prit bravement son parti, et l'élégant d'autrefois se transforma en éditeur ambulant qui vend des romances en chambre.

IV

J'avais cherché le hasard, il se présentait à moi sous les traits de Bernard Latte.

Il me demanda de mes nouvelles, et je ne lui cachai pas ma misère.

— Chantez-vous toujours ? me dit-il.

— Toujours !

— Voulez-vous un engagement pour un café-concert ?

— Où ?

— On construit en ce moment un nouveau
café au faubourg Poissonnière, continua Bernard
Latte.

— Ah ? Et comment s'appelle le directeur ?

— Mayer !

— Mayer ? l'ancien chanteur !

— Le même.

— Celui qui est si amusant ?

— Oui... c'est le même Mayer qui imite derrière le billard la marche d'un tambour-major,
qui s'élève ou disparaît suivant les accidents du
chemin.

— Oh ! je le connais bien ! il m'a souvent fait
rire.

— Eh bien, Mayer fonde donc un café-concert.

— Que voulez-vous que j'y fasse ? je n'ai jamais
chanté en public.

— Tant mieux, M. Mayer spécule sur l'inconnu ; il compose une troupe absolument iné-
dite. Voulez-vous tenter la chose ?

— De tout mon cœur.

Bernard Latte me conduisit à l'Alcazar, chez
M. Mayer, qui m'offrit un engagement à raison
de cinq francs par soirée.

J'acceptai.

V

L'Alcazar n'était pas encore à cette époque
ce qu'il est aujourd'hui ; la grande vogue des
cafés-concerts n'avait pas commencé ; d'ailleurs, la troupe de Mayer était pitoyable ; nous
étions là une collection d'inconnus des deux
sexes sans aucun talent. Mayer avait beaucoup
compté sur un géant en carton qui paraissait de
temps en temps sur le théâtre et faisait semblant
de jouer du cornet à piston ; un orgue servait
d'orchestre, et les murs, fraîchement peints, ex-
halaient une insupportable odeur de peinture.

Dès le premier jour, j'avais loué une petite

chambre dans les environs. Je l'avais fait meubler par un tapissier de mes amis.

Modeste mobilier : il se composait d'un lit, d'une commode et de trois chaises. J'avais contracté l'engagement de le payer moyennant vingt-cinq francs par mois.

De plus, une revendeuse à la toilette m'avait vendu, à crédit, deux vieilles robes de soie, qui faisaient encore assez bonne figure le soir.

Ces deux robes, qui valaient bien cinquante francs, me coûtaient cent trente francs ; la marchande me fournit également quelque linge à usure, et bientôt je fus fort endettée.

Je ne pouvais guère espérer une augmentation de mes appointements, car j'étais détestable.

Mon directeur me faisait chanter des romances sentimentales, et le bienveillant lecteur me croira si je lui dis que je n'avais aucun goût pour ce genre de musique.

Chaque soir, je disais la même romance. C'était le triste récit d'une bergère amoureuse, sur un refrain plaintif.

Je n'eus, comme bien vous pensez, aucun succès.

VI

Cependant les échéances arrivaient.

Je devais cinq ou six cents francs à la marchande à la toilette, qui ne cessait de me répéter que j'étais idiote, et qu'il ne dépendait que de moi de gagner beaucoup d'argent.

— Je connais des femmes, me disait-elle, qui ont commencé comme vous, et qui, au bout de six mois, roulaient carrosse. Vous connaissez la petite L***?

— Oui.

— Eh bien, ma fille, dans l'espace de six mois, elle a mangé un baron et deux vicomtes, et, en ce moment, elle est en train de croquer un duc! Allez! elle a d'excellentes dents.

Je passe le reste de la conversation.

Quelque temps après, les premiers huissiers se présentèrent à mon domicile.

Tous les soirs, en rentrant, je trouvais un papier timbré chez mon concierge.

Je gagnais cinq francs par soirée, et l'on me faisait une moyenne de sept francs de frais par jour.

Avec toute l'économie du monde, il n'y avait pas moyen de joindre les deux bouts.

Un matin, j'étais en train de déjeuner chez moi, quand la porte s'ouvrit, et trois hommes entrèrent.

C'était l'huissier et ses deux témoins.

Ma foi, j'étais fort jeune et très-insouciante, et pendant que les trois hommes procédaient à l'enregistrement de mon pauvre mobilier, je chantonnais le refrain à la mode.

Tout à coup l'huissier me dit :

— Mais, mademoiselle, vous chantez fort bien.

— Vous trouvez, monsieur ?

— Parole d'honneur ! Recommencez donc cette chanson.

— Pour un huissier ? Jamais ! m'écriai-je.

— Nous valons mieux que notre réputation, dit l'huissier, et je vais vous en donner la preuve. Si vous recommencez la chanson, je vous accorde un délai de quinze jours.

— Non, d'un mois.

— Soit.

Je redis ma chanson ; l'huissier était ravi. Je reçus ses compliments, ainsi que ceux de ses témoins, et les trois hommes se retirèrent.

VII

Un mois après, on frappait à ma porte.

— Entrez ! dis-je.

L'huissier montrait sa tête.

— Ah ! bon, vous êtes exact au rendez-vous, dis-je en riant.

— Ne craignez rien, mademoiselle, je ne viens pas pour la saisie...

— Et pourquoi venez-vous, alors ?

— Je vais vous le dire : j'ai tant parlé de vous à ma femme qu'elle aussi désire vous entendre.

Je riais aux éclats.

L'huissier et sa dame entrèrent.

Je redis ma chanson, et les deux époux se retirèrent en me demandant pardon de m'avoir dérangée.

Le journal *le Club*, qui a raconté cette histoire, a ajouté :

« Hourrah ! pour Thérésa !

» Les chants d'Orphée domptèrent les bêtes fauves,

» Mais les chansons de Thérésa ont apprivoisé un huissier.

» C'est autrement fort ! »

VIII

Je m'étais heureusement débarrassée de ce

premier huissier, mais les autres furent moins
gracieux et moins dilettantes.

D'ailleurs, les planches de l'Alcazar commen-
çaient à céder sous mes pas. L'établissement
était complétement discrédité dans l'opinion pu-
blique.

On m'offrit un soir un engagement à un
café-concert de Lyon.

Le lendemain je fis ma malle, et je partis pour
la seconde ville de France, sans faire une visite
d'adieux aux nombreux huissiers qui m'hono-
raient de leur confiance.

CHAPITRE TREIZIÈME

CHAPITRE TREIZIÈME.

I

Je partis le soir même pour Lyon, en troisième classe, par le train omnibus, car les
avances qu'on avait bien voulu me faire sur
mon engagement, ne me permettaient pas de
prendre l'express.

Je fis, comme bien vous pensez, d'amères réflexions sur ma situation.

Je comparais ce second voyage au premier, que j'avais fait quelque temps auparavant.

Alors, j'étais heureuse, insouciante... j'espérais.

Cette fois je me voyais abandonnée, seule, fuyant la misère et tombant dans l'inconnu.

Comme cela se fait dans les grandes circonstances, je récapitulais ma vie.

— Mon Dieu! me disais-je, mieux vaut encore vivre tranquillement là-bas, que de mener à Paris une existence tourmentée. Après tout, la province a ses charmes; il n'y a pas le bruit et le mouvement parisiens, mais j'y trouverai le calme.

Au bout de cinq minutes, j'étais convaincue que Paris était la plus détestable ville du monde, et qu'il fallait absolument prendre le train omnibus pour aller chercher le bonheur au delà des fortifications.

II

Je fus tirée de mes rêveries par un voyageur qui essayait d'entamer la conversation.

C'était un homme de quarante ans environ.

Il portait sur la tête une calotte turque.

Son paletot était en velours noir, que l'âge avait blanchi comme la chevelure du voyageur.

Autour du cou, une cravate multicolore retombant sur sa poitrine, et ornée d'un diamant de la grandeur d'une pièce de cinq francs en or.

Un vrai diamant de cette taille vaudrait un million.

Mais l'homme qui aurait les moyens de mettre cinquante mille livres de rente à sa cravate ne voyagerait assurément pas en troisième classe.

Il ne faut pas être doué d'un bien grand talent d'observation pour arriver à cette conclusion.

— Madame va-t-elle à Lyon? me demanda-t-il en me lançant des bouffées de tabac au visage.

— Oui.

— Madame habite Lyon?

— Non, monsieur.

— On dit que c'est une ville superbe. Moi, qui ai parcouru toute la France, je n'ai jamais été à Lyon... N'est-ce pas étrange?

— En effet.

— Cependant j'ai failli y aller... On m'avait proposé un engagement en 1846, mais, à cette époque, j'étais lié au théâtre de Quimper, où, je peux le dire, j'étais l'idole du public. Oui, madame, continua l'homme à la veste de velours, je suis artiste lyrique..... je chante les basses profondes... Après-demain, je compte débuter à Lyon.

— Au Grand Théâtre?

— Le théâtre? ah bien, oui! j'en ai assez.... Voyez-vous, madame, au théâtre on n'arrive que par l'intrigue, et, malheureusement, je ne suis pas intrigant, moi... je suis la franchise même... Si j'avais voulu faire des visites chez les journalistes, je serais aujourd'hui à l'Opéra de Paris... Mais je trouve qu'un artiste qui se respecte ne doit pas faire de ces bassesses... Aussi j'ai rompu avec les grandes planches, je chante maintenant dans les cafés-concerts... Je serai moins en évidence, mais je garderai mon indépendance..... Je crois que j'aurai un joli succès à Lyon.

— Je le souhaite, monsieur... Et à quel café chantant débutez-vous?

— A la Brasserie des Chemins de fer.

— Tiens, moi aussi !

— Comment, madame est artiste?

— Oui, monsieur.

— Et vous débutez?

— Après-demain.

— Voulez-vous que je vous donne un conseil?

— Je vous en prie.

— Eh bien, ma fille — on voit qu'il changeait de ton — débutez après moi.

— Pourquoi?

— Parce que tous ceux qui ont débuté avec

moi n'ont pas eu d'agrément... j'accapare l'attention du public.

III

Je crus inutile de prolonger cette conversation.

J'avais vu tout de suite à qui j'avais affaire. Mon compagnon de voyage était un vieux cabotin qui avait roulé en province, et qui, faute de trouver un engagement, frappait maintenant à la porte des cafés-concerts.

Depuis ce voyage, j'ai appris à connaître ces soi-disant déclassés. On les voit le soir, dans un coin du foyer des artistes, s'isolant dans leur vanité, mauvais camarades, détestables artistes, l'incarnation de la jalousie et de la bassesse.

Un soir, au foyer d'un café chantant, quelque temps après le terrible événement qui a coûté un bras à Roger, on parlait de cet éminent artiste et de ses créations.

— Il a du talent, c'est vrai : s'écria un de ces méconnus, mais il ne viendra jamais se frotter au public difficile de nos établissements !

Aujourd'hui, quand je rencontre sur mon chemin une de ces nullités ambitieuses... je la fuis comme la peste.

IV

Nous arrivâmes à Lyon.

Nos débuts, malgré les conseils de mon compagnon de voyage, eurent lieu le même soir.

Il eut ce qu'on appelle un succès de mépris.

Au premier couplet on murmurait, au second on sifflait.

Le célèbre artiste n'a jamais pu dire la fin de sa romance.

Le lendemain il avait disparu.

En ce moment, il fait les belles soirées d'un café chantant de la barrière.

Quand il me rencontre, il détourne la tête ; il me déteste... mais il me fait de la peine.

V

Mes débuts furent plus heureux, sans être brillants.

Je chantai la ronde de *Ma Nièce et mon Ours*, vaudeville de MM. Clairville et de Frascati.

On sait que sous ce dernier pseudonyme se cachait un de nos célèbres financiers, M. Millaud, l'heureux et aimable directeur du *Petit Journal*.

En chantant cette ronde, je sentis renaître en moi l'espérance; je me disais que des deux auteurs, l'un avait été acteur à Bobino et l'autre n'avait rien été du tout, et tous deux étaient arrivés à la célébrité et à la fortune.

Une partie du public, qui protégeait mademoiselle Flore, une grosse chanteuse, m'accueillit avec une froideur marquée.

Mais les nombreux troupiers qui se trouvaient là m'applaudirent à outrance.

L'armée française m'avait prise sous sa protection, qu'avais-je à craindre?

VI

Il y eut alors chaque soir une lutte entre le bourgeois et le soldat, lutte paisible, il est vrai.

Quand mademoiselle Flore chantait, l'enthousiasme des civils débordait.

- Après mes chansons l'enthousiasme militaire ne connaissait plus de limites.

Un soir, quand j'eus dit la ronde de *Ma Nièce et mon Ours*, un coup de sifflet retentit.

Ce fut l'allumette qui mit le feu aux poudres.

Aussitôt les soldats se levèrent en masse pour protester, et bissèrent ma ronde, que je redis au milieu d'applaudissements unanimes.

Le lendemain, un maréchal-des-logis-chef et un sergent se présentèrent à mon domicile pour m'offrir, au nom de leurs camarades, un énorme bouquet.

Ce furent les premières fleurs triomphales qui tombèrent à mes pieds, et j'éprouvai une joie enfantine.

Depuis, j'ai reçu beaucoup de bouquets, mais je conserve encore religieusement quelques feuilles fanées de la première ovation qu'on m'a faite dans ma carrière artistique.

VII

Lyon est assurément une belle ville.

Mais il n'y a qu'un Paris au monde.

Il me manquait là-bas l'air, le bruit du boulevard.

Parfois j'avais des accès de désespoir.

Je me reprochais amèrement d'avoir quitté ce Paris, où j'avais été si malheureuse pourtant.

J'éprouvais un irrésistible entraînement vers ma ville natale.

Pourquoi?

Je n'en sais rien! mais le désir de revoir Paris devint si vif qu'il altéra ma santé.

J'avais la nostalgie de la grande ville... la nostalgie de la misère.

J'éprouvai le besoin de revoir les boulevards et les huissiers.

VIII

Mon engagement expirait à la fin du mois.

J'avais peu d'argent.

Je n'en pris pas moins le train express.

Le soir j'arrivai à Paris !

Je ne voulus pas prendre une voiture... je revins à pied du chemin de fer... il me tardait de me promener dans mes rues aimées... je m'arrêtais à chaque magasin comme une provinciale, ivre de joie et de bonheur, et je me disais :

— Paris, cher Paris ! je ne te quitterai plus !

Il fallait vivre pourtant... j'acceptai un engagement au café Moka, café dont l'originalité me paraît mériter une description spéciale.

CHAPITRE QUATORZIÈME

CHAPITRE QUATORZIÈME

Le café Moka. — La rue de Lune. — Un mot de Darcier. — Un ancien appartement. — Le public de Moka. — Le bezigue et le domino à quatre. — Les petites industries en dehors. — La fleuriste. — Les bouquets en loterie. — Un trio célèbre. — Mme Marie Sax. — M. Michot. — Un mot d'Alphonse Royer. — Le véritable Conservatoire français. — Mlle Cico. — M. Berthelier. — M. Mermet. — Une histoire du temps jadis. — Musset, Monpou et Duprez. — *L'Andalouse.* — Ce que peuvent rapporter quinze francs bien placés.

I

Le café Moka, plus connu sous le nom de café de la rue de la Lune, était situé dans cette rue et donnait sur le boulevard Bonne-Nouvelle.

Il est démoli.

Pauvre Moka! seul d'entre tous les cafés-concerts, il n'a pas su faire une grande fortune.

Son tort a été de venir trop tôt.

—C'est un café qui s'est levé trop matin, a dit mon ami Darcier.

II

Il était placé au premier étage.

Là avait dû être jadis un simple appartement, avec chambre à coucher, salon et salle à manger.

Je me suis toujours figuré que nous chantions dans l'ancienne cuisine.

Il pouvait contenir à peu près une trentaine de tables.

Son public se composait de petits rentiers et d'amateurs futurs des cafés chantants.

Je n'oserais pas avancer que tout le faubourg Saint-Germain s'y donnait rendez-vous.

On y chantait en famille.

Tout le monde se connaissait, public et artistes.

Le fond était garni de joueurs qui pratiquaient

le bezigue et le domino à quatre, et souvent lorsqu'un chanteur avait fini sa romance, il venait
sans façons se mêler à ces parties.

C'était l'art foncièrement intime.

III

Chacun avait sa petite industrie en dehors : tel
artiste tenait boutique d'épicerie dans le jour ;
telle artiste travaillait dans la couture.

La fleuriste elle-même vendait le matin des
fleurs à la halle.

Cette fleuriste avait trouvé un petit moyen assez ingénieux de se défaire sûrement de cinq ou
six bouquets par soirée.

Cinq ou six bouquets au café Moka étaient une
vente extraordinaire !

Elle les mettait en loterie.

Le billet coûtait cinq sous.

Il y en avait vingt.

Chaque spectateur avait le droit d'en prendre.

Je dois avouer qu'on n'abusait pas de ce droit.

Les vingt billets placés, on tirait le bouquet, et d'ordinaire le gagnant était invité à l'offrir à sa chanteuse favorite.

Il faut croire que les chanteuses devenaient difficilement les favorites des gagnants, car la plupart du temps les spectateurs emportaient les bouquets chez eux.

IV

A mon retour de Lyon, j'ai déjà dit que j'étais entrée dans ce café.

Le directeur, M. Moka, m'avait engagée pour chanter spécialement un trio avec deux de ses artistes.

Je prie le lecteur de prêter toute son attention à l'histoire de ce trio ou plutôt à l'histoire des trois artistes qui l'interprétaient.

Ce trio avait assez l'air d'une opérette; j'y représentais une soubrette, les deux autres artistes de M. Moka y représentaient, l'un un jeune vicomte et l'autre une jeune comtesse.

Deux femmes et un homme.

Nous le répétâmes huit jours. De qui étaient les paroles, de qui était la musique, cela vous est bien égal et à moi aussi.

Le jour de la *première*, les billets de la loterie du bouquet furent élevés au prix de cinquante centimes.

Le bezigue et le domino à quatre furent suspendus.

Et enfin le chef d'orchestre arbora une cravate blanche.

C'était une véritable solennité, comme vous voyez.

Le trio fit four.

V

Et cependant, croyez-moi, il ne fut pas plus mal chanté qu'un autre.

Je n'en veux pour preuve que le nom des trois artistes chargés de l'exécuter :

Moi, d'abord : aux plus humbles la première place.

Mademoiselle Marie Sax.

Et M. Michot.

VI

Que ces deux grands chanteurs me pardonnent cette révélation, mais je crois que le secret de leur passé est un peu le secret de Polichinelle.

Oui, mademoiselle Marie Sax, de l'Opéra, la splendide reine de Saba de Gounod, la future Africaine de Meyerbeer, a été ma camarade au café Moka.

Oui, M. Michot, le ténor élégant du Théâtre-Lyrique, le ténor de M. Perrin, a joué le vicomte dans le trio du café de la rue de la Lune.

Et ces deux célébrités prouvent suffisamment que les cafés-concerts ne sont pas tout à fait inutiles.

Je ne veux pas dire du mal du Conservatoire ; je n'ai pas pour habitude de déblatérer contre ce que je ne connais pas, mais qu'on me cite les artistes qui en sont sortis dans ces derniers temps, qu'on me dise les noms de ceux qui y ont fait leur apprentissage artistique.

Ce n'est pas moi qui l'ai dit, c'est M. Alphonse Royer, l'ancien directeur de l'Opéra :

— Le véritable Conservatoire, c'est le café chantant.

VII

Citons encore parmi les célébrités qui ont débuté dans les cafés-concerts :

Mademoiselle Cico, la charmante prima donna de l'Opéra-Comique, qui a chanté au Casino du Palais-Royal.

Berthelier, qui a fait les délices du café Beuglant, au quartier Latin.

Et cent autres qui ne sont point aussi connus, mais qui, aujourd'hui, révolutionnent la province.

Aussi M. Alph. Royer est tellement convaincu que lorsqu'il voit une nouvelle étoile surgir au firmament lyrique, il se demande sérieusement à quel café elle a appris à chanter.

Et cette demande ne s'arrête même pas aux

artistes, elle va jusqu'aux auteurs et aux compositeurs.

Rien ne lui ôtera de l'idée que M. Mermet a fait jadis des romances pour les cafés-concerts.

Autrement, comment aurait-il tant de talent?

VIII

Et, preuve sur preuve, qu'on me permette une anecdote du temps passé, qu'on m'a racontée.

Un jour, trois amis se promenaient sur le boulevard.

L'un disait :

— C'est moi qui ferais volontiers un excellent déjeuner.

L'autre :

— Moi, un déjeuner quand même il ne serait pas excellent.

Et le troisième :

— Et moi, un déjeuner fort simple au besoin, pourvu que ce soit un déjeuner.

— Combien faudrait-il pour cela? reprit le premier.

— Mais une dizaine de francs au moins.

— J'ai une idée!... continua celui qui avait questionné, en se frappant le front. Suivez-moi!

Les deux autres le suivirent.

Ils entrèrent chez un éditeur de musique dont je sais le nom, mais que je garde pour moi.

— Monsieur, dit le jeune homme à l'idée, nous venons vous proposer de nous acheter une romance dont monsieur a fait les paroles, monsieur la musique, et que je vais vous chanter, parce que je suis le seul d'entre nous trois qui aie un peu de voix.

L'éditeur fit la grimace.

Cependant il dit :

— Chantez toujours, nous verrons après.

Le jeune homme chanta.

— C'est bien simple, fit le marchand de musique, mais demain justement j'ai besoin de romances pour un café-concert qui s'ouvre. Je vous en donne quinze francs.

Les trois amis se regardèrent; ils n'espéraient pas tant.

Ils tendirent la main, remirent le manuscrit à l'éditeur et coururent manger les trois modestes pièces de cent sous dans le restaurant voisin...

L'auteur des paroles s'appelait Alfred de Musset.

Le musicien : Monpou.

Et le chanteur : Duprez.

Quant à la romance, qui fit fureur au café chantant et qui de là gagna les salons et le théâtre, elle avait pour titre *l'Andalouse*, et commençait ainsi :

> Connaissez-vous dans Barcelone
> Une Andalouse au teint bruni ?

Elle rapporta quarante mille francs à l'éditeur.

Vous m'avouerez que pour quinze francs de première mise de fonds, on ne peut pas demander davantage.

CHAPITRE QUINZIÈME

CHAPITRE QUINZIÈME

I

Je restai juste deux jours au café Moka, j'étais
déjà habituée à plus de luxe et surtout à plus
d'enthousiasme.

L'Eldorado venait d'ouvrir ; on cherchait des
chanteuses partout.

On me fit faire des propositions : 200 francs

par mois et le titre de chanteuse dramatique, chargée de la partie du cœur.

C'est moi qui devais faire pleurer les masses avec modulations en *ut* mineur.

Vous voyez que le directeur de l'Eldorado possédait un certain instinct pour deviner les artistes !

II

J'acceptai. La salle était splendide, et d'ailleurs deux cents francs par mois étaient un sérieux attrait.

Je débutai par *Fleur des Alpes*, une romance de Mazini.

Je chantai cette romance filandreuse avec un succès médiocre.

Nous étions en décembre.

Notre directeur, qui faisait d'assez bonnes affaires, nous offrit de réveillonner chez lui.

A ce réveillon il avait invité M. Goubert, son confrère de l'Alcazar.

Ici je m'arrête encore.

III

M. Goubert est mon directeur actuel; c'est
bien à lui que je dois tous mes succès, et si jamais
occasion de le remercier publiquement se pré-
sente, c'est bien cette fois.

M. Goubert est un homme foncièrement intelligent.

Il fait fortune dans son établissement; les
uns prétendent que c'est grâce à moi, mais en
face de son activité, de son habileté et de sa profonde envie de plaire au public, je suis forcée
d'avouer qu'il doit sa prospérité à lui-même.

En somme, avant lui l'Alcazar était ce que
mon ami Siraudin appelle « un nid à faillites, »
et depuis Goubert c'est devenu un nid à billets de
banque.

Ce que j'ai dit pour moi, je dois aussi le dire
pour lui.

Là où il y a réussite, il y a évidemment mérite.

IV

Le souper fut gai.

Si gai même, qu'au dessert, Velotte, un de mes camarades, et moi, nous quittâmes la table, et nous affublant, lui d'une blouse, moi d'une vieille robe d'habilleuse et d'une marmotte sur la tête, nous nous mîmes, avec accompagnement de guitare et de tambour de basque, à chanter comiquement la fameuse romance *Fleur des Alpes.*

J'eus personnellement un succès prodigieux.

On me fit bisser.

Je bissai en adoptant un accent allemand et en *tyrolianisant* le refrain.

Les applaudissements éclatèrent.

Goubert demeura silencieux.

V

L'heure de la retraite sonna.

Goubert s'approcha de moi.

—Thérésa, me dit-il, voulez-vous me permettre de vous reconduire ?

Je le regardai, assez étonnée de cette galanterie si rare chez les directeurs, quels qu'ils soient.

— Je veux bien, répondis-je.

Nous partîmes, et à la porte il m'offrit son bras.

Quand nous fûmes dans la rue :

— Écoutez, me dit-il, qu'est-ce que vous gagnez à l'Eldorado ?...

— Deux cents francs par mois.

— Voulez-vous en gagner trois cents ?

— Je le crois bien.

— Je vous les offre.

— Vous !

— Oui, moi.

— Et pourquoi faire, mon Dieu ?

— Mais pour chanter à l'Alcazar et aux Champs-Élysées, pavillon Morel.

— Les romances de cœur?

— Non. Les romances comiques... c'est à cette seule condition... A partir d'aujourd'hui vous n'aurez pas d'autre répertoire que celui que je vous indiquerai.

— Moi... les chanteuses comiques... mais vous

n'y pensez pas ! je n'ai rien de comique, je vous
assure.

— Ceci n'est point votre affaire, mais bien la
mienne. Acceptez-vous ?

— J'accepte, cela va sans dire, mais je crains
que vous ne fassiez une mauvaise spéculation.

On le voit, je n'avais pas grande confiance dans
mon *vis comica.*

VI.

Le lendemain, j'allai trouver mon directeur de
l'Eldorado et je lui signifiai mon congé.

— Où allez-vous donc ? me dit-il.

— A l'Alcazar, où Goubert m'offre trois cents
francs par mois, pour chanter les comiques.

— Vous !

Et il partit d'un éclat de rire.

— Quel fou que ce Goubert ! fit-il, il n'y a que
lui pour avoir de ces idées là.

— N'est-ce pas ? dis-je naïvement...

— Enfin, allez mon enfant, allez ! mais faites-
moi dire le jour où vous débuterez, je ne serai
pas fâché d'aller voir comme vous ferez pour ne
pas être sifflée

Je le quittai, entièrement de son avis, et je revins chez Goubert.

— Vous allez répéter à l'orchestre, me dit-il.

— Aujourd'hui ?

— Aujourd'hui même ; je veux vous faire débuter ce soir.

— Mais par quoi donc, puisque je ne sais que
nos fameuses romances sentimentales ?

— C'est justement par l'une de celles-là ?

— Et laquelle donc ?

— *Fleur des Alpes* ; seulement il va sans dire
que vous la chanterez, comme vous l'avez chantée
cette nuit, avec l'accent alsacien, la tyrolienne,
le tambour de basque, tout !

— Mais on me jettera des chopes à la tête ?

— Vous savez nos conventions, allez répéter !

Je courbai la tête, j'avais promis.

VII

Les musiciens étaient à l'orchestre ; on me donna l'accord.

Je commençai ma romance.

A l'issue du premier couplet, le chef d'orchestre se leva et :

— Pardon, me dit-il, est-ce une plaisanterie ou est-ce pour vous moquer de nous?

— Ce n'est pas une plaisanterie, monsieur, c'est un ordre.

— Vous chanterez comme cela ce soir?

— M. Goubert le veut.

— Comment, M. Goubert le veut?... mais il veut donc que l'on vous assassine à coups de demi-lasses?

— Il paraît.

— Ma foi, vous conduise qui voudra à la représentation, je ne veux pas me faire le complice d'une mystification.

Et il se levait pour se retirer, quand Goubert parut.

Il eut mille peines à lui faire entendre raison;
le chef d'orchestre soutenait que nous allions tous
être traités comme des saltimbanques. Il fallut la
menace d'une forte amende pour le décider à
m'accompagner.

Comme on le voit, plus j'allais et moins l'idée
de Goubert trouvait d'admirateurs.

VIII

Enfin, le soir vint.

J'étais habillée, et j'avoue que j'attendais mon
tour de paraître sur le théâtre avec une émotion
véritable.

Ce qui m'avait fait accéder au désir de Goubert, malgré ma propre conviction, c'était le peu
que je risquais.

En effet, sifflée ou non, ma position n'en était
pas meilleure, et d'ailleurs mon engagement était
signé.

J'entrai en scène.

13.

Il faut l'avouer, mon entrée fut froide ; je n'obtins pas le plus petit applaudissement.

J'attaquai bravement ma romance.

Après le premier couplet, la salle entière éclatait en bravos.

On me fit bisser et rebisser.

Goubert était dans l'enthousiasme.

— Tu vois, me cria-t-il à ma rentrée dans les coulisses, tu vois que j'avais deviné juste, et c'est moi qui te le dis : avec ta *Fleur des Alpes*, tu vas faire courir tout Paris.

— J'étais si émue, et lui aussi probablement, que je ne m'apercevais point qu'il me tutoyait.

Il a toujours continué depuis, et quand je lui en fais l'observation, il me répond :

— Laisse donc, il y a deux sortes de gens que l'on peut tutoyer sans les humilier, les domestiques et les artistes de talent !

IX

Je lui dis *vous.*

CHAPITRE SEIZIÈME

tent pour les eaux d'Allemagne, nous quittons
l'Alcazar et nous nous installons aux Champs
Élysées.

Ces concerts en plein vent sont très-fatigants
pour les artistes ; il faut donner toute sa voix, et
dominer le bruit des nombreuses voitures qui
roulent vers le bois de Boulogne.

Aux Champs-Élysées, le public n'est plus le
même ; quelques fanatiques nous suivent, c'est
vrai, mais la masse des spectateurs a d'autres
allures. Tout autour de nous, nous entendons
parler toutes les langues connues et inconnues,
car tous les étrangers visitent les cafés chantants
des Champs-Élysées.

Les uns comprennent un peu et les autres ne
comprennent pas du tout.

Pour apprécier ces drôleries parisiennes, il
ne faut pas seulement savoir le français, mais
encore le parisien, qui est une langue à part,
une langue de convention qui ne passe pas les
fortifications.

II

Puis, les paisibles bourgeois, les petits rentiers du faubourg Saint-Germain, viennent nous entendre, mais ils sont peu bruyants et manifestent tout au plus leur contentement par un doux sourire.

Devant les nombreux étrangers que l'été nous amène, je me sens peu à l'aise.

J'ai devant moi des figures étranges, froides. Du haut de l'estrade, j'entends des conversations que je ne comprends pas.

— How do you do? dit un Anglais à un Allemand.

— Tarteifle schumaker! répond l'Allemand à l'Anglais.

— Varachtig! ajoute le troisième, qui est Hollandais.

Tout cela peut être très-intéressant, mais cela ne m'intéresse guère.

Ce qu'il nous faut à nous autres artistes parisiens, c'est le public de Paris, qui comprend à demi-mot, saisit une intention avec cette intelligence qui le distingue; ce public à qui rien n'échappe.

Tout Parisien naît artiste.

III

Vous qui ne fréquentez que les loges de la première galerie de nos théâtres, vous ne savez pas ce qu'il y a de fine malice enfouie aux étages supérieurs.

L'ouvrier en blouse, qui est perché là-haut, vous juge une pièce d'un trait, d'un mot.

J'attache un grand prix aux applaudissements du public en général, mais j'avoue que j'ai un faible pour la partie malheureuse de la population !

Est-ce parce que je suis fille du peuple et que j'ai été malheureuse comme eux ?

Non ! mais il me semble que ceux-là méritent tout notre intérêt.

De loin en loin ils arrachent une soirée libre à leur vie de fatigue et de travail.

Il faut les amuser à tout prix, car ils n'ont pas les moyens de revenir le lendemain.

Pour les classes aisées de la société, le café-concert n'est qu'un incident... Pour les autres, notre estrade est un piédestal, et l'établissement où l'on chante prend les proportions d'une institution.

IV

Aussi, pour me consoler des étrangers qui ne comprennent pas, j'ai, en été, les gamins parisiens qui comprennent, eux !

Ils sont là cinq ou six cents, non dans l'intérieur du café-concert, mais au dehors, groupés autour des massifs de verdure qui nous servent d'enceinte.

Haletants, avides de musique et de plaisir.

Leurs yeux sont fixés sur la chanteuse.

Au troisième couplet, ils savent tous les refrains de la chanson et les répètent en chœur.

Dans le nombre, il s'en trouve plus d'un qui n'a pas dîné peut-être.

Faute de pouvoir le distinguer et lui donner du pain, donnons-lui des chansons !

Et souvent, quand je parais sur l'estrade des Champs-Élysées, je regarde tous ces pauvres diables, et j'ai envie de leur dire :

— Attention, mes amis ! c'est pour vous que je chante !

V

Je ne sais s'ils devinent tout l'intérêt que je leur porte, mais ils m'ont toujours témoigné une vive sympathie ; ils sont là à la première

heure, et à minuit, quand les spectateurs sont
partis et que je m'éloigne à mon tour, je trouve
toute une garde d'honneur d'hommes en blouse.
Quand je passe devant eux ils se découvrent....
Ils ne disent pas un mot, mais ils me suivent
à une distance respectueuse jusqu'à la voiture
qui m'attend.

Braves gens ! j'ai compris ! Ils ont peur pour
moi... Les allées sont désertes... il pourrait
arriver un malheur à *leur* artiste.

VI

Un soir de l'année dernière, un violent orage
se déchaînait sur Paris.

La première goutte de pluie avait chassé les
spectateurs.

Il tombait une averse abondante qui détrem-
pait la terre.

A un moment donné je regardai par la fenêtre
si le ciel s'éclaircissait.

J'entendis alors une voix qui me disait :

— Faut-il vous aller chercher une voiture, mamselle ?

C'était l'un de mes gardes !

Une demi-heure après je quittai l'établissement.

Pour arriver à ma voiture il fallait traverser une mer de boue.

J'hésitai...

Tout à coup je fus entourée par une douzaine d'hommes en blouse.

Je les reconnus.

C'étaient mes fanatiques !

Aussi, je n'eus pas peur.

Ils étaient trempés jusqu'aux os ; mais ils m'avaient attendue.

Aussitôt ils m'entourèrent, et, avant que je n'eusse eu le temps de m'opposer à leur projet, ils me portèrent dans ma voiture.

Puis, après avoir fermé la portière, ils s'éloignèrent en criant :

— Vive Thérésa ! vive *la Gardeuse d'ours* !

VII

Parmi ceux qui m'avaient suivie de l'Alcazar aux Champs-Élysées, j'avais distingué un homme de taille moyenne, au regard vif et incisif, qui semblait m'écouter avec beaucoup d'intérêt.

Il venait régulièrement tous les trois ou quatre jours.

J'ai su depuis que c'était le vaudevilliste Siraudin, un dénicheur de talents inconnus, un fantaisiste, et un peu *sondeur* dans le sens agréable du mot.

VIII

Il paraît qu'il a eu l'intention de me faire débuter au théâtre.

Le théâtre, c'est mon rêve!

Je sens que je ne serais pas déplacée sur une

véritable scène, et que j'ai ce qu'on appelle la *corde dramatique.*

Mais...

Où est le directeur qui pourrait me donner les appointements que je gagne en disant de simples chansons ?

Et puis :

Dans les cafés-concerts, ma position est faite.

Au théâtre, tout serait à recommencer.

Après tous les tourments de ma vie agitée, je n'ose pas braver l'inconnu !

J'ai souffert... j'ai connu la pauvreté... j'ai eu faim plus d'une fois.

Or, rien ne vous inspire l'horreur de la misère comme la misère elle-même.

Si on ne la quitte pas à un certain âge, c'est pour la vie !

Henri Heine, le grand poète, a dit : — « Dans » la jeunesse, la misère est souvent une compagne

» agréable ; plus tard, elle devient laide et vieille,
» s'installe à votre foyer et vous brode des pan-
» toufles ! »

IX

Revenons à mon public des Champs-Élysées.

On croit gnénéralement que l'administration
nous fait offrir par un *compère* les nombreu.
bouquets que nous recevons.

C'est là une erreur :

Les bouquets nous sont offerts par des admirateurs inconnus.

Souvent, une lettre se glisse dans les roses.
Dans les premiers temps, je lisais les lettres et
je souriais.

Aujourd'hui, je ne les décachète même
plus !

Quand j'aperçois une enveloppe dans les

fleurs, je la laisse où elle est, et je mets l'épître et les fleurs dans un vase rempli d'eau.

Dans l'eau, les fleurs s'épanouissent et les lettres se fanent.

X

L'une des tables, près de la scène, est surnommée *la Loge infernale.*

C'est là que viennent s'installer, chaque soir, cinq ou six jeunes gens qui boivent beaucoup, fument énormément et causent tout haut de leurs petites affaires.

Quelques provinciaux les prennent pour des jeunes gens du meilleur monde.

Ce ne sont, en réalité, que des quarts de cocodès, qui parlent de la Patti, des Brohan, de Lafont, des femmes à la mode, et des sommes immenses qu'ils ont, soi-disant, perdues au Club.

Lorsqu'une débutante paraît pour la première

fois sur nos planches, ils lui adressent des paroles d'encouragement; souvent, pour se faire
remarquer du public, ils disent assez haut pour
être entendus :

— Bravo, la petite !... Elle a du chien !...
C'est un tempérament... j'en parlerai au directeur du Palais - Royal... Dites donc, cher, il
faudra lancer cette pauvre enfant !

Quand leurs manifestations deviennent trop
bruyantes, le public de la corde crie :

— A la porte les gandins !

Et le silence se rétablit.

XI

Souvent aussi, un huit-ressorts s'arrête, et
quelques dames aux cheveux rouges, accompa-
gnées de leurs cavaliers, viennent s'installer à
l'une des tables.

Ces femmes, qui portent des magasins de bi-
jouterie à leurs oreilles, et ces hommes qui ont
des conseils judiciaires, ont le mauvais goût de

plaisanter les malheureuses filles que le sort a
jetées sur les planches d'un café-concert. Ces
pauvres artistes, ignorées souvent, gagnent
bravement leur misérable vie, et économisent
sur leur dîner de quoi acheter une robe blanche,
tandis qu'elles, ces impudentes créatures, font
fortune rien qu'en montrant de temps en temps
une jambe dans un vaudeville nouveau.

On dit qu'elles ont de l'esprit, qu'elles sont
amusantes.

Un soir que j'assistais à une première représentation, dans un théâtre de genre, j'avais pour
voisines deux petites dames qui s'étalaient dans
une loge, au fond de laquelle on apercevait deux
jeunes gens.

— Ah! mon Dieu! s'écria tout à coup celle
qu'on appelait Amandine, j'ai oublié que c'est
aujourd'hui la fête de ma mère. J'irai lui porter
un bouquet... l'année prochaine.

Un grand éclat de rire accueillit cette facétie
de mauvais goût.

Si c'est là de l'esprit, où est la bêtise ?

CHAPITRE DIX-SEPTIÈME

CHAPITRE DIX-SEPTIÈME

I

Ce fut aux concerts de Champs-Élysées que je m'emparai, pour la première fois, du répertoire Schneider.

Mademoiselle Schneider, qui était alors au théâtre du Palais-Royal, avait une voix charmante, qu'elle a encore, si j'en juge par le suc-

.14.

cès qu'elle obtient actuellement dans *la Belle Hélène*, de M. Offenbach.

Les auteurs ne manquaient jamais, dans tous les rôles qu'ils lui confiaient, de lui donner une ronde à chanter.

On l'a appelée la Thérésa des théâtres.

Je lui demande bien pardon de cette comparaison, mais on m'a bien appelée, moi, la Schneider des cafés chantants.

II

Entre autres rondes, elle chantait avec un grand succès celle de *la Demoiselle de Nanterre*, une pièce de MM. Grangé et Lambert Thiboust.

On voit que je connais mes classiques.

Cette ronde fut le point de départ de ma *troisième manière*.

J'y obtins un tel triomphe que le nom m'en resta pendant tout une saison.

Un siècle à Paris !

Je devins *mademoiselle de Nanterre*.

III

Ma grande vogue commençait, mais mes appointements étaient toujours aussi modestes.

Goubert m'avait bien donné quatre cents francs par mois de son propre mouvement, mais ce mouvement-là me semblait encore bien timide.

Un matin je fis la rencontre de M. Lorge, qui venait de s'emparer des rênes de l'Eldorado.

— Goubert vous a enlevée à nous, me dit-il, voulez-vous que je vous enlève à lui?

— Diable! répondis-je; c'est qu'il y a le côté de la reconnaissance.

— Nous l'avons prévu; mais six cents francs par mois peuvent faire de vous une ingrate peut-être; nous vous les offrons.

— Je vous remercie, mais je refuse. Goubert m'a devinée. C'est à lui que je devrai probablement ma fortune... Malgré la modestie des appointements qu'il me sert, je me dois à lui. Repassez quand j'aurai capitulé avec ma conscience.

IV

Le soir je fis part à Goubert de cette conversation. Mon directeur me regarda avec surprise.

— Comment, on vous offre cela, et vous n'acceptez pas?

— Non!

— Ma foi! vous avez joliment tort, car jamais je ne vous en donnerai autant.

Le lendemain même je signais avec M. Lorge.

A la première nouvelle qu'en reçut Goubert, il ne fit qu'un bond jusque chez moi.

— C'est affreux, me dit-il; mais vous voulez donc me ruiner?

— Mon cher, lui dis-je, il est une chose qu'il ne faut jamais refuser aux artistes, c'est l'encouragement; l'indifférence est le plus grand mal que l'on puisse leur faire... C'est un jeu dangereux... Nous avons, nous autres, une nature à part. Dans les luttes que nous soutenons chaque jour avec le public nous avons besoin de courage; le vulgaire croit que c'est pour satisfaire notre vanité, mais ceux qui nous connaissent savent que c'est pour reprendre des forces!... Vous m'avez traitée légèrement, je vous traite de même.

— Je vous offre les six cents francs.

— J'ai un dédit.

— J'en payerai la moitié.

— Soit! mais dites-moi que je vous suis indispensable.

— Vous partie, je vendais mon établissement et j'entrais dans la photographie!

— A la bonne heure!... A présent c'est entre nous à la vie à la mort!

V

Le dédit était de deux mille francs.

En consentant aussi promptement à payer la moitié du dédit, je n'avais pas réfléchi que mille francs et moi nous n'avions pas encore passé par la même porte.

Goubert paya sa part et ne s'occupa plus du reste.

Peu de temps après, je reçus une assignation.

Alors, avec l'insouciance qu'on me connaît, je me laissai poursuivre, et, comme M. Hittemans dans la pièce des *Mémoires d'une Femme de chambre*, j'entretins une correspondance suivie avec un huissier, correspondance dont ce dernier faisait tout seul les frais.

VI

Aussi un beau matin on sonna à ma porte.

C'était le garde du commerce orné de ses deux recors et d'un commissaire de police.

Ils venaient tout simplement m'arrêter.

Cette fois encore, nouvelle sirène, je renouvelai la scène de jadis avec l'huissier dilettante, et par mes chansons j'attendris le garde du commerce.

Il me fit accorder un délai de quarante-huit heures.

Je l'employai à subjuguer Goubert, qui, du

reste, comprenait le danger d'avoir une artiste qui ne pouvait plus chanter qu'à Clichy.

Il paya.

Qui fut penaud? Ce fut le recors.

— Et moi, dit-il, qui comptais vous faire chanter encore sept ou huit fois, et qui avais sept jours de délai à raison d'une chanson par jour !

VII

L'hiver nous ramena à *l'Alcazar,* c'est-à-dire sur la scène de mes premiers succès.

Mon succès allait en augmentant ; j'étais la cause réelle de fortes recettes, et quoique mes appointements eussent été portés à mille francs par mois, ils étaient beaucoup au-dessous du chiffre auquel la vogue de mon nom me donnait le droit de prétendre.

Aussi, profitant d'une légère discussion dont il est inutile de rappeler les causes, je rompis mon engagement à l'Alcazar, et je signai avec l'Eldorado, dont le directeur reconnaissant se hâta de porter mes appointements à quinze cents francs par mois.

VIII

Darcier m'apporta deux chansons : *le Chemin du Moulin* et *Quand les Hommes sont au Cabaret.*

J'eus un succès énorme, grâce à ces deux romances, dont la musique et les paroles sont des petits bijoux.

C'est là le service que Darcier m'a rendu, et j'appelle cela un grand service.

Lorsqu'un artiste de sa valeur consent à mettre à la disposition d'une camarade tout ce que son talent a de grâce et de sentiment, lorsque, pour ainsi dire, il l'initie par ses compositions musicales au grand art de faire rire et pleurer le spectateur, il fait œuvre qui entraîne une profonde reconnaissance.

Je suis donc reconnaissante à Darcier de m'avoir fourni les éléments qui m'ont permis de faire pleurer; jusqu'alors je ne savais que faire rire.

IX

Je restai un mois à l'Eldorado, pas davantage.

Dès les premiers jours, la nostalgie de l'Alcazar m'avait prise.

Je ne retrouvais pas dans cet établissement mon public de là-bas, ce public ému, bruyant, fanatique.

Et puis, il y a trop de dorures à l'Eldorado. Goubert, que je voyais souvent, regrettait mon départ et m'engageait continuellement à rentrer chez lui.

Un jour que ma nostalgie était plus forte que de coutume, j'acceptai les nouvelles propositions de Goubert ; je signifiai au directeur de l'Eldorado que je le quittais, et le soir même je chantais à l'Alcazar.

Il s'ensuivit un second procès.

La *Gazette des Tribunaux* en a donné le détail.

Le directeur de l'Eldorado me demandait 40,000 francs de dommages et intérêts, et je ne sais quelle somme par chaque jour d'absence.

On voit que déjà l'on me traitait comme une étoile véritable.

Je perdis mon procès, et depuis cette époque
je suis une des pensionnaires les plus exactes
de l'Alcazar.

X

Ma rentrée chez Goubert fut un triomphe. Je
ne veux pas en faire le récit, car, vraiment, je
m'aperçois que je vais d'immodestie en immodestie.

Mais le lecteur, j'en suis certaine, m'a déjà
pardonné cette vanité à jet continu.

Il a compris du premier coup que, pauvre
fille jadis, sans ressources et sans avenir, je dois
éprouver une joie immense de me voir aujour-
d'hui acclamée par la foule et fêtée par tout le
monde, et que mes accès d'orgueil sont comme
des remercîments à Dieu de m'avoir fait un
présent doré après le passé sombre qu'il m'a-
vait infligé.

Et puis le succès enivre, et l'on sait qu'il ne
faut pas en vouloir aux personnes grises.

— Laissez passer l'ivresse de Thérésa !

CHAPITRE DIX-HUITIÈME

CHAPITRE DIX-HUITIÈME

I

La presse, qui jusqu'alors avait dédaigné les
cafés-concerts, commençait, elle aussi, à s'occuper de moi.

Un matin, en ouvrant *le Nain jaune*, je fus

surprise de trouver dans ce journal un article de
M. Albert Wolff, que je ne connaissais pas alors,
et qui parlait de moi avec une extrême sympathie.

Cela me fit un plaisir extrême.

C'était la première fois que je voyais mon nom
imprimé dans un journal; aussi, j'adressai sur-
le-champ à M. Wolff la lettre suivante :

II

« Monsieur,

» Voudriez-vous permettre à Thérésa, l'humble
artiste de l'Alcazar, de vous remercier bien haut
pour l'article bienveillant que vous avez daigné
lui consacrer dans le dernier numéro de votre
journal?

» Certes, elle n'ignore pas combien peu elle
mérite de tels éloges, mais laissez-la vous expri-
mer tout le prix qu'elle attache à faire mentir la

tradition dont vous parlez dans votre article, et
combien elle serait peinée que vous pussiez lui
appliquer un jour ces deux vers de notre grand
fabuliste :

« Allez ! vous n'êtes qu'une ingrate ;
» Ne tombez jamais sous ma patte. »

» Encore une fois, merci, monsieur, de votre
article, qui est pour moi un cadeau royal, et
croyez à votre toute reconnaissante

» THÉRÉSA.

» 3 janvier 1864. »

III

Cette lettre était l'expression de ma pensée
intime. Déjà je rêvais d'autres articles aussi bien-
veillants que le premier ; je me disais avec
un juste orgueil que la presse allait consacrer la
réputation que le public avait commencée.

En effet, quelques jours après, je reçus la

visite d'un des écrivains les plus populaires de ce temps, M. Timothée Trimm.

Je connaissais M. Trimm, dont le véritable nom est Léo Lespès, par ses nombreux écrits, car je lis beaucoup, et surtout les spirituels journaux qui devraient s'appeler la grande presse, et qu'on appelle à tort les petits journaux.

M. Léo Lespès ou Timothée Trimm a une tête fort sympathique ; il s'habille d'une façon un peu excentrique, c'est vrai, et, tout d'abord, je le jugeai par sa cravate rouge et ses larges vêtements, et je crus avoir devant moi ce qu'on appelle dans le monde artiste un *poseur*.

Bientôt j'acquis la conviction que M. Trimm était un excellent homme, tout disposé à me prendre sous sa protection. Il eut l'obligeance de m'adresser quelques compliments, et, deux jours après, parut dans *le Petit Journal* un premier-Paris sur Thérésa.

IV

Jugez de ma joie.

Elle ne devait pas durer longtemps.

En effet, vingt-quatre heures après, on m'apporta une grande feuille, *la Nation*, dans laquelle M. Auguste Villemot me maltraitait de la belle façon.

C'était la première fois qu'on m'attaquait dans un journal, et l'attaque était violente.

Je cédai à un premier mouvement, et j'adressai à M. Villemot la lettre qu'on va lire.

La lettre écrite, il fallait trouver un journaliste qui consentît à la publier.

Quelques amis me conseillèrent de m'adresser au *Nain jaune*, qui était alors dans toute sa vogue, et qui m'avait déjà donné un premier gage de sa sympathie.

Je m'en fus donc dans les bureaux de ce jour-

nal, et j'y trouvai M. de Langeac, un homme du
meilleur monde, un aimable écrivain, qui me
reçut avec une exquise politesse.

Quelques instants après, M. Scholl survint. Je
connaissais le directeur du *Nain jaune* comme
journaliste et comme romancier.

Il me reçut avec une parfaite courtoisie ; et,
dans le premier numéro qui suivit ma visite, se
trouvait la lettre suivante :

V

« *A monsieur le directeur du* NAIN JAUNE.

 » Monsieur,

 » J'espère que *le Nain jaune* ne me refusera
pas une petite place où je puisse me défendre
contre des attaques injustes et violentes.

 » Avez-vous, par hasard, entendu parler d'un
journal appelé *la Nation* ?

» C'est dans cette feuille que M. Auguste Villemot s'amuse à me hacher menu comme chair à pâté.

» Si M. Villemot avait dit que je chante faux et que je n'ai aucun talent, je l'aurais trouvé sévère, mais je n'aurais soufflé mot, attendu qu'il était dans son droit, et que nul plus que moi ne respecte les droits de la critique. Toutefois, l'honorable rédacteur de *la Nation* me semble en franchir les bornes aujourd'hui.

» Je ne m'arrête pas au reproche de maigreur qui m'est adressé. M. Villemot, que je n'ai jamais vu, mais qui passe pour l'un des plus jolis garçons de Paris, a le droit de se montrer difficile à l'égard des femmes. J'arrive tout de suite au second reproche, beaucoup plus singulier, celui de chanter à *l'Alcazar*. Une artiste qui veut vivre *sérieusement* de sa profession est bien obligée de chanter là où on l'engage, là où on la paye. Je ne demanderais pas mieux que de signer un magnifique traité avec l'Opéra-Comique, et je serais très-reconnaissante à M. Villemot s'il voulait m'en faciliter les moyens.

» D'ailleurs, n'aurais-je pas quelque droit de répondre, sans autre explication, à M. Villemot :
— Vous écrivez bien à *la Nation,* pourquoi ne chanterais-je pas à *l'Alcazar ?*

» J'ai toujours entendu dire que la mission du critique était d'encourager les efforts des artistes, de leur indiquer ce qu'ils faisaient bien et ce qu'ils faisaient mal, afin qu'ils puissent travailler et s'améliorer ; en un mot, que le critique était un conseiller.

» En bonne conscience, est-ce conseiller une chanteuse que lui dire qu'elle a *toute la distinction d'une écaillère,* et que sa méthode *procède de la Courtille ?*

» Toute personne de bonne foi fera la même réponse à ma question. Il est à peine nécessaire d'ajouter que je suis une chanteuse de genre, que je suis vouée aux paysanneries, et qu'il me semblerait souverainement ridicule de ramasser l'éventail de Célimène pour chanter *le Rossignolet* ou *le Chemin du Moulin.*

» Agréez, monsieur, avec tous mes remercî-

ments, l'assurance de mes sentiments bien dé-
voués.

» THÉRÉSA.

» Paris, le 13 janvier 1864. »

Je donne à cette lettre une place dans ces *Mémoires* parce qu'elle réfute, une fois pour toutes,
le reproche qu'on me fait sur ma manière de dire
mes chansons, et non pour céder à un sentiment
de haine contre M. Villemot.

J'avoue que j'avais d'abord l'idée de me venger
dans ce livre des attaques que M. Villemot n'a
cessé de diriger contre moi dans tous les journaux
dont il dispose.

C'est un parti pris.

M. Villemot ne comprend pas mon succès, et
il a peut-être raison.

Voilà tout.

VI

Mais j'aurais mauvaise grâce à nier sa valeur.

Je pense qu'il n'y a pas de fumée sans feu, et qu'au *Temps* ou à *l'Alcazar*, le public n'aime que les artistes qui méritent ses sympathies.

D'ailleurs, une année s'est écoulée depuis la lettre qu'on vient de lire, et j'ai compris, depuis, que je n'avais pas le droit de m'insurger contre l'opinion personnelle d'un écrivain, et qu'il ne m'était pas permis de suspecter sa loyauté. Je dois beaucoup à la presse, elle m'a fait trop de bien pour que je veuille me souvenir des rares articles malveillants.

Aussi je ne réponds plus à aucune attaque.

Une seule fois, j'ai encore protesté publiquement contre une agression dans un journal. On verra plus loin en quelles circonstances.

VII

Je serais ingrate si je ne remerciais ici tous les journalistes qui m'ont fait l'honneur de s'occuper de moi : M. Henry de Pène, le courriériste de *l'Indépendance belge*, et directeur de *la Gazette des Étrangers* ; M. Henri Rochefort, l'étincelant chroniqueur du *Figaro* ; M. Ernest Blum, l'infatigable rédacteur du *Charivari*, et son spirituel rédacteur en chef, M. Louis Huard, M. Pierre Véron et tous les autres.

VIII

C'est à M. Maillard que je dois la bienveillance de M. de Pène.

M. Maillard est un des journalistes les plus répandus de Paris ; on le voit partout, à l'Opéra et au Casino-Cadet, aux Italiens et à l'Alcazar.

Il est constamment à la recherche de l'inconnu, et, en société avec M. de Pène, il a *lancé* plus d'une femme qui, grâce à ces deux écrivains, est arrivée à une réputation... bonne ou mauvaise.

IX

Un journal qui m'a été constamment hostile,

c'est *le Tintamarre*, mais je le lui pardonne,
car son directeur, M. Commerson, et son prin-
cipal rédacteur, M. Léon Rossignol, m'ont souvent fait rire, et vous connaissez l'axiome : *le rire
désarme.*

D'ailleurs, je sais que *le Tintamarre* est un dé-
fenseur de l'*art pur*.

X

Dans ce chapitre sur mes rapports avec la
presse doit nécessairement se placer un incident
récent.

Un soir, je reçus dans ma loge la visite de
M. Peragallo, l'agent des auteurs dramatiques,
qui vint me demander mon concours pour une
représentation qui devait avoir lieu au théâtre du
Châtelet, au bénéfice de la Société des Auteurs.

Je fus très-flattée de cette invitation, qui m'at-
tira, dans *le Figaro-Programme*, une violente attaque personnelle. Un musicien inconnu

s'était permis de protester contre le concours d'une simple chanteuse de café-concert.

Cette fois-ci, je n'avais pas affaire à un journaliste.

Aussi répondis-je à mon adversaire de la belle façon dans *le Club*, où je retrouvai deux anciennes connaissances, MM. Scholl et Langeac, ainsi que M. Wolff, que, peu de jours auparavant, j'avais vu pour la première fois.

Il faut que j'ajoute que M. Jules Prével, rédacteur en chef du *Figaro-Programme*, n'avait pas attendu l'apparition de ma réponse dans *le Club*, pour protester, dans son journal, contre l'inqualifiable sortie de ce musicien que je ne veux pas nommer, car j'aime mieux lui laisser le soin de faire connaître son nom au public.

XI

La publication de ma lettre dans *le Club* m'a

révélé l'existence d'un protecteur que je ne me
connaissais pas.

Dans *le Figaro* du 22 janvier, M. de Villemessant, sans aucune invitation de ma part, a bien
voulu reproduire ma lettre du *Club*, et l'accompagner de quelques lignes bienveillantes.

Je savais depuis longtemps que tout artiste est
sûr de trouver, en M. de Villemessant, un défen-
seur désintéressé contre les injustices dont il peut
être l'objet.

Que le directeur du *Figaro* reçoive ici publiquement mes remercîments.

J'ai réglé mon petit compte avec la presse, et
si le lecteur veut bien accepter mon invitation,
j'aurai l'honneur de l'introduire dans les coulisses
de l'Alcazar.

CHAPITRE DIX-NEUVIÈME

CHAPITRE DIX-NEUVIÈME

I

Veuillez me suivre, ami lecteur.

Entrez dans la salle, prenez à gauche, vous
trouverez à côté du buffet une petite porte, assez
grande pour un fifre.

Gare aux chapeaux !

On descend quinze marches et l'on s'engage dans un étroit couloir souterrain qui traverse l'Alcazar dans toute sa longueur.

Nous voici devant un étroit escalier.

Montons.

Poussez une petite porte, entrez.

Vous êtes dans les coulisses de l'Alcazar.

II

Il est aussi difficile de pénétrer dans les coulisses de ce café chantant que dans celles des vrais théâtres.

A mesure que son établissement devient plus important, mon directeur devient plus rigoureux.

M. Goubert est partout.

Il est à la fois directeur et régisseur. Homme intelligent et actif, M. Goubert ne se fie qu'à lui-même.

III

Entrons au foyer des artistes.

Il est petit, mais gentil. Ici se réunissent des chanteurs qui vivent généralement en bonne harmonie.

Moi, je parais ordinairement vers neuf heures ; j'arrive tard au théâtre, je m'habille, je chante... je me repose, — car on se fatigue beaucoup à ce métier, — et je chante encore.

Je n'ai pas le temps de flâner beaucoup au foyer.

Cependant j'y ai passé de charmants moments avec les autres artistes, et je dois à la vérité de dire qu'ils sont tous très-aimables pour moi.

D'ailleurs, si j'ai du succès, je dois ajouter que je n'ai jamais cherché à nuire à mes camarades, qui tous ont, du reste, leur valeur et leur clientèle.

M. Goubert tient à avoir de vrais artistes, et il réussit souvent.

IV

Comme toutes les loges d'actrices, ma loge est toute petite; c'est à peine s'il y a place pour une commode, un divan et deux chaises.

Derrière un rideau se trouvent suspendues les robes que je mets alternativement.

Je reçois peu de monde dans ma loge.

De temps en temps, un journaliste vient perdre un quart d'heure sur le théâtre, et ne dit bonjour en passant.

Je n'offre à mes visiteurs qu'une simple limonade de ma composition et à laquelle on a donné mon nom.

A l'Alcazar, on appelle cette consommation une THÉRÉSA.

V

Entre mes deux chansons, j'ai une demi-heure à moi.

Les auteurs et les compositeurs de mes chansons viennent me rendre visite.

Je dois mes plus grands succès à Houssot.

Houssot est peintre; c'est un homme jeune encore, le type de l'artiste gai et insouciant.

Comme peintre il a du talent, comme poëte il en a aussi.

Il me fut présenté un soir par un éditeur.

Houssot m'offrit une chanson qui me plut énormément.

Son titre était : *Rien n'est sacré pour un Sapeur*.

Vous savez le succès. Depuis ce temps, Houssot est devenu mon poëte préféré; il m'a donné successivement : *On y va! l'Espagnole de carton, Ça n' peut pas durer comme ça!* etc., etc.

VI

Mes compositeurs sont nombreux.

Hervé m'a fait de la jolie musique ; il est assez connu pour que je puisse passer à un autre.

Celui-là est le musicien modeste par excellence : il s'appelle Villebichot.

Ses mélodies sont faciles, agréables, entraînantes.

Il a le sentiment de la chanson par excellence ; mais comme je sais mieux que personne ce qui convient à mon genre de talent, je me permets quelquefois des observations que Villebichot accepte avec beaucoup d'empressement.

Jamais l'amour-propre ne se met de nos collaborations, car Houssot, Villebichot et moi nous n'avons qu'un but : le succès.

Houssot représente la poésie gaie.

Villebichot la musique joyeuse.

Et moi j'apporte mes instincts naturels et mon expérience du public.

Je dois aussi quelques jolies mélodies à M. Hubans, l'excellent chef d'orchestre de l'Alcazar.

VII

J'ai vu dans ma loge des hommes du meilleur monde, qui ont daigné m'inviter à dire quelques chansons dans leurs salons.

Ici la discrétion doit être absolue.

Quelquefois des compositeurs ou des artistes des théâtres lyriques qui se trouvent dans la salle quand je chante, prennent la peine de monter dans ma loge et de m'adresser des compliments dont je suis fière et heureuse.

Bien des fois encore, de jeunes poëtes ou de jeunes musiciens viennent me présenter des ouvrages que j'examine avec le plus grand soin.

VIII

J'ai créé un genre qu'on appelle dans le monde des cafés-concerts le genre Thérésa :

Comment le définir ?

C'est impossible ; je ne m'explique pas moi-même ma popularité.

Je vois les effets, mais j'ignore les causes.

Depuis qu'une suite de circonstantes imprévues m'ont faite ce que je suis ; depuis que je gagne de gros appointements par mon simple talent, la position de chanteuse du genre Thérésa est devenue la position la plus enviée dans les cafés-concerts.

Il est des jeunes filles qui viennent m'entendre chanter pendant six mois.

Quand elles ont surpris mes gestes et ma façon de dire, elles s'en vont en province essayer les Thérésa.

D'autres encore viennent me demander des leçons, en m'offrant soit de l'argent, soit une reconnaissance éternelle, si je veux consentir à leur apprendre ce que je sais.

Quant à l'éternelle reconnaissance, je ne crois pas pouvoir la mériter.

Que voulez-vous que je leur enseigne?

Je n'ai jamais pris de leçon... je n'ai jamais étudié.... j'ai suivi ma vocation et ma nature.

Si mon succès a surpris bien des gens, il m'a étonnée plus que les autres.

Et je suis arrivée à cette conclusion : qu'il faut, pour plaire au public, avoir des qualités qui ne s'acquièrent pas et qui font de vous une artiste qui ne ressemble à personne et ne procède d'aucune manière.

IX

Souvent aussi, je reçois la visite de concierges éplorées, qui me supplient de guider leur fille dans la carrière artistique qu'elle veut embrasser.

16.

Elles me disent que la fortune de toute une famille est entre mes mains, qu'il dépend de moi de faire de leur demoiselle une artiste aimée du public, qui gagnerait des cent mille francs par an.

On me fait des promesses... on supplie... on pleure souvent.

Tous ces gens se figurent que j'ai une baguette magique qui transforme en un clin d'œil une fille de concierge en une artiste de talent.

Et quand je refuse, l'attitude de la personne change :

On ne supplie plus... on menace !

On n'encense plus... on injurie.

On dit que la jalousie me ronge et que j'ai peur de me voir une rivale.

Pauvres insensés! je n'ai même pas le courage de les faire mettre à la porte !

X

On sait que plusieurs pompiers sont de faction sur toutes les scènes.

Dans ma chanson *On y va !* il y a un couplet sur les amours d'une bonne et d'un pompier.

Depuis que je chante cette petite chose, les pompiers m'ont prise en grande affection.

L'un d'eux me disait, l'autre jour, après ma chanson :

— Ah ! mam'zelle Thérésa ! tâchez donc de mettre le feu chez vous pour que j'aie l'honneur insigne de sauver votre mobilier !

CHAPITRE VINGTIÈME

CHAPITRE VINGTIÈME

I

J'aurais bien envie d'intituler ce chapitre : *Des
ennuis de la célébrité.*

Sous le prétexte que je touche les émoluments
d'une première chanteuse de grand opéra, il
semble à mon public fanatique que ma fortune
soit à sa disposition.

On me traite comme on traite M. le baron
de Rohtschild ou M. Adolphe d'Ennery.

C'est bien de l'honneur que l'on me fait,
mais on a le tort de ne pas affranchir les lettres.

II

Il y a deux mois, je reçus l'épître suivante,
complétement veuve de timbre-poste :

« Mademoiselle Thérésa,

» C'est une mère qui vous écrit.

» Vous avez des appointements qui vous per-
mettent de rouler carrosse et d'avoir plus de
diamants que n'en a mademoiselle Duverger.

» Qu'est-ce que trois mille francs pour vous ?

» Deux ou trois chansonnettes à dire, et voilà
tout.

» Trois mille francs pour moi serait le bonheur !

» Mon fils vient de tomber au sort, il a eu le
n° 7, il va partir...

» Voulez-vous me prêter de quoi le racheter?

» Vous ne me connaissez pas, mais moi je vous connais, je suis celle qui vous applaudit toujours, à la table de gauche, près de la contre-basse, et qui n'a pas encore manqué une de vos représentations.

« Allons, un bon mouvement, mademoiselle Thérésa; rendez un fils à sa mère, et Dieu vous récompensera.

» Signé ***. »

III

Veuillez compter, cher lecteur — ci trois mille francs.

— Deuxième épître, de plus en plus veuve d'affranchissement :

« Madame,

» J'étais caissier dans une maison de banque, j'ai mangé la grenouille.

« Un rien : six mille francs...

» Qu'est-ce que vous voulez? Un coup de tête. Le jeu. Une femme trop jolie et pas assez écono- nome; ma seule ressource c'est vous ou un coup de pistolet.

» Un coup de pistolet, c'est dur à mon âge, je n'ai que vingt-six ans et j'ai tous mes che- veux.

» Six mille francs pour vous c'est l'affaire de dire six fois *Rien n'est sacré pour un sapeur*. — Dites *Que rien n'est sacré pour un caissier*, si vous voulez, mais dites-le à mon bénéfice.

» Vous épargnerez des larmes à une famille.

» Vous vous serez gênée cinq minutes, et vous aurez laissé un comptable de plus à la société financière.

» Le commissionnaire attend votre réponse un sac sous le bras. »

IV

Trois mille francs et six mille francs, cela fait neuf mille, n'est-ce pas?

— Troisième épître, affranchie celle-là, mais vous allez voir que l'on peut risquer dix centimes quand on tente une affaire pareille :

« Mademoiselle,

« Il nous faut trente mille francs, pas un sol em plus, pas un sol en moins.

» C'est le prix de votre existence.

» Dans le cas où ces trente mille francs ne seraient pas déposés, le mercredi 17, à onze heures du soir, sur la borne qui fait le coin de la rue Saint-Denis et de la rue Rambuteau, attendez-vous à être attaquée en sortant de l'Alcazar.

» Inutile de nous dénoncer à la police, nous sommes douze, et pour un que vous ferez arrêter, il en restera onze décidés à venger leur camarade. »

V

Cette lettre, qu'on pourrait croire inventée et qui est de la plus scrupuleuse exactitude, a plutôt flatté mon amour-propre qu'elle ne m'a effrayée.

Je n'ai dénoncé personne à la police. Il est vrai que je n'ai rien déposé non plus rue Saint-Denis.

J'ai tout lieu de croire que c'était une plaisanterie; mais voyez pourtant, si je m'étais laissée aller :

Neuf mille et trente mille, trente-neuf mille francs.

Et cela en deux mois!

Sur ce que je gagne, il ne me serait pas resté grand'chose.

Et je ne compte pas les vingt pareilles lettres où l'on ne me demande que des sommes relativement minimes...

Il faut être diablement riche à Paris quand on est célèbre, et qu'on veut écouter son cœur.

VI

On ne se fait pas idée combien il m'arrive journellement de propositions de mariage.

Jusqu'à Paul, oui, Paul, qui m'a écrit dernièrement pour me rappeler notre ancien amour et me dire que sa main était à ma disposition.

Heureusement, j'ai des idées bien arrêtées sur le célibat.

Il me reste à raconter maintenant l'histoire de mon fou.

Car j'ai aussi mon fou. On voit qu'il ne manque rien à ma majesté, et que mon règne aura eu toutes les prérogatives des têtes réellement couronnées.

VII

Mon fou se nomme Bicornet.

Il vient tous les soirs à l'Alcazar ou plutôt il y venait, car depuis quelques mois, des ennemis jaloux l'ont arraché de mes *États* pour le conduire à Charenton.

Sa folie consistait à se croire mon mari.

Chaque fois qu'on m'applaudissait, qu'on me jetait des fleurs, il se tournait fièrement vers le public et disait :

— N'est-ce pas qu'elle chante bien, ma femme ?

Il était sévère pour mes camarades.

— On a tort de les laisser chanter avec Thérésa, disait-il ; cela porte un certain préjudice à mon épouse.

Il parlait au chef d'orchestre.

— Si ma femme, disait-il, chante ce soir *la Nourrice*, accompagnez-la doucement ; vous savez qu'elle tient beaucoup à ce que le public entende les paroles.

Vers six heures, il faisait queue, et si un ami le rencontrait là et s'étonnait de cette assiduité, il répondait :

— Qu'est-ce que vous voulez ? Thérésa ne peut pas chanter quand son mari n'est pas là.

Cette monomanie amusait les garçons du café, qui ne le désignaient jamais que sous le titre de l'époux à Thérésa !

— Parfaitement inoffensif, il nous égayait tous et m'aurait divertie moi-même, si un jour il n'avait poussé *le mariage* un peu trop loin.

VIII

Certain matin, l'on sonna à ma porte.

C'était un commis des magasins de *la Belle Jardinière*.

Il m'apportait une note.

Deux cents francs, je crois, formant le prix de redingote, pantalon, gilet, chemises, etc.

C'était mon fou qui avait été faire ses emplettes et qui, sans façon, avait dit au caissier :

— Envoyez toucher la note chez ma femme, mademoiselle Thérésa, de l'Alcazar.

Renseignements pris, je sus que le pauvre diable était, en effet, moins que riche, et je payai cette note, mais en prévenant Goubert d'avoir à me débarrasser d'un mari aussi coûteux.

CHAPITRE VINGT ET UNIÈME

CHAPITRE VINGT ET UNIÈME

I

Je ne sais pas ce que l'avenir me réserve; les
dernières années de ma vie m'ont apporté tant
de surprises que je puis tout espérer.

Qu'on pardonne à mon ambition... à ma folie,
mais il y a déjà si loin de l'enfant de la cité
Riverin à *l'étoile* de l'Alcazar, comme on daigne
m'appeler, et je suis jeune encore.

Parfois j'ai toutes les espérances ;

Où m'arrêterai-je ?

Il y a trois ans j'étais une pauvre fille inconnue ; aujourd'hui mon nom est célèbre.

J'ai un public que j'adore et qui m'aime.

Un soir, que, par suite de contestations inutiles
à rapporter, j'avais refusé de chanter, il y eut
une vraie émeute à l'Alcazar.

Le public qui était venu pour m'entendre me
demandait à grands cris.

Ça a été une tempête dans une chope.

« Certes, a dit à ce propos le chroniqueur de
l'Univers Illustré, il n'est pas doux de descendre
dans la fosse de l'ours Martin ou de déjeuner
dans la cage du lion de l'Atlas ; eh bien ! j'aime-
rais mieux faire l'un et l'autre, oui, je préférerais
rencontrer à deux heures du matin, dans mon
escalier, la panthère noire de Java que de me

trouver au milieu du public de l'Alcazar un soir
où Thérésa refuse de chanter. »

Si je parle de cet incident, c'est pour constater une fois de plus la grande sympathie que
me témoigne le public, et que je lui rends en respectueuse affection.

II

Mais le lecteur comprendra que je suis avant
tout fière de quelques encouragements qui me
sont venus des hommes distingués de notre
temps.

Je place en première ligne M. Auber, le génie
de la musique française, le grand compositeur
qui nous a donné tant de chefs-d'œuvre.

Eh bien! monsieur Auber n'a pas dédaigné de
venir entendre l'humble Thérésa.

Je ne puis vous dire combien je me sentis
émue le soir où j'aperçus, dans une loge, la tête

si fine, si distinguée, si spirituelle de l'immortel
auteur de tant d'adorables partitions.

Je respirais à peine ; j'étais troublée comme
une écolière devant son maître.

J'étais à la fois orgueilleuse et humiliée : orgueilleuse de me voir applaudir par un des plus
grands musiciens de ce temps ; humiliée d'être
si peu de chose à côté de ce grand compositeur.

Ah ! s'il avait pu lire dans mon cœur, il se serait rendu compte de l'immense joie que j'éprouvais ce soir-là.

C'était comme une suprême consécration de
ma réputation.

Et quand on me dit :

— Vous n'êtes rien dans le monde artiste,
rien qu'une humble chanteuse de café-concert,
à qui l'engouement public a fait une position
qu'elle ne mérite pas,

Je réponds :

— Peu m'importe, puisqu'un des plus grands
musiciens de ce temps a daigné m'applaudir.

III

J'ai encore reçu bien d'autres témoignages de la bienveillance des auteurs.

M. Duprato, un des jeunes compositeurs qui donnent les plus brillantes espérances, a bien voulu venir me complimenter dans ma loge.

Plusieurs fois j'ai aperçu M. Gevaërt, l'heureux compositeur à qui l'on doit *le Capitaine Henriot*.

Souvent, quand j'entre en scène, j'aperçois au premier rang quelque artiste des théâtres lyriques.

Un soir, j'ai vu Montaubry, le délicieux chanteur, au milieu de la foule; d'autres fois, madame Ugalde, M. Roger, M. et madame Gueymard.

Je dois constater que les plus sérieux encouragements me sont venus des plus grands talents de ce temps, et que je dois les plus vives attaques aux artistes les moins saillants de notre époque.

Il en est toujours ainsi !

IV

On m'a fait souvent des propositions d'engagement pour la province.

Mais je ne veux plus quitter Paris !

Tout dernièrement, j'ai reçu la visite d'un Anglais, qui m'offrait deux cent mille francs si je voulais consentir à traverser l'Océan et à chanter pendant un an dans les principales villes de l'Amérique.

J'ai refusé.

D'abord, parce que je suis engagée à l'Alcazar pour plusieurs années.

Ensuite, parce qu'il aurait fallu apprendre l'anglais.

Fi donc !

Je suis une enfant de Paris !

V

J'ai aussi beaucoup d'ennemies.

De loin en loin, je vois aux avant-scènes de l'Alcazar la fameuse Flore, mon ancienne rivale de Lyon.

Elle a renoncé aux arts et fait le bonheur d'un baron allemand.

Cette fille cherche à m'éblouir par sa fortune. Depuis qu'elle a des diamants, elle a perdu le peu de tête qui lui restait.

À chaque instant, elle s'écrie assez haut pour être entendue de moi :

— Ah ! j'ai eu une frayeur ! je croyais avoir perdu mon bracelet de douze mille francs !

Cinq minutes après, nouveau cri.

C'est toujours la petite dame :

— Grand Dieu ! dit-elle, Émilie a failli m'arracher mes boucles d'oreilles de quinze mille francs !

Ou bien encore :

— Ah ! mon Dieu ! j'ai manqué de perdre mon collier de trente mille francs.

Et quelquefois, un habitué, ignorant des galanteries parisiennes, fait cette réflexion :

— Douze mille, quinze mille et trente mille, font cinquante-sept mille francs ; ce doit être une femme du monde !

C'est cette fille qui me disait un soir :

— On prétend que je suis intéressée ; c'est ridicule ! J'aime l'argent, c'est vrai, mais non par intérêt ; j'aime l'argent pour lui-même.

VI

Parmi les artistes qui m'ont fait l'honneur de venir m'entendre, je cite encore M. Alfred Quidant, un pianiste de beaucoup de talent.

On me dit que ce spirituel musicien a eu une jeunesse fort orageuse.

Mais avec l'âge la raison est venue.

Quidant s'est marié, et aujourd'hui il compose des variations sur le bonheur de la famille.

De temps en temps, les diables noirs reviennent et tourmentent l'artiste.

Les souvenirs de jeunesse renaissent.

Quidant a reçu une invitation pour une soirée brillante, suivie d'un formidable baccarat.

Il se souvient des charmantes émotions du jeu... et va s'habiller.

Alors son regard tomba sur deux gravures qui ornent sa chambre à coucher.

L'une représente un épisode de *Trente Ans ou la Vie d'un Joueur*.

L'autre *le Mauvais Sujet*, chassé de son logis et errant de par la campagne avec sa femme en haillons et ses deux pauvres enfants, amaigris par la misère.

Quidant a placé là ces deux gravures pour combattre ses passions.

Quand il voit les deux malheureux petits êtres suivre péniblement leur *mauvais sujet* de père, Quidant ôte son habit et sa cravate blanche, embrasse sa famille et reste chez lui.

VII

Théodore Barrière, lui aussi, est venu plus d'une fois à l'Alcazar.

Il m'a connue autrefois au boulevard du Temple, où il a habité pendant dix ans.

Alors il avait pour moi, quelquefois, des paroles d'encouragement.

Aujourd'hui il daigne venir m'applaudir.

Barrière est un esprit incisif, mordant!

Je me rappelle une histoire que j'aurais dû raconter dans mon esquisse du boulevard du Temple, mais qui trouvera encore sa place dans ce chapitre.

Alors le futur auteur de cent pièces charmantes venait souvent au café du Cirque, où il a trouvé, d'ailleurs, un des personnages des *Faux Bonshommes*, le notaire Vertillac.

Un soir, on vint prévenir Barrière qu'une dame l'attendait dans une voiture.

L'auteur se rend auprès de la belle :

— Oh! monsieur, dit la pauvre enfant, je viens vous prier de me rendre un grand service.

— Lequel?

— Votre ami G. m'a lâchement abandonnée.

— Que voulez-vous que j'y fasse?

— Dites-lui de revenir.

— Je m'en garderai bien.

Ici la femme délaissée éclate en sanglots.

Quelques passants s'arrêtent.

— Consolez-vous, ma chère enfant, dit Barrière en fermant la portière, rentrez chez vous !

— Non, je veux en finir avec la vie !

Barrière commençait à s'ennuyer.

— Madame, fit-il, où faut-il dire au cocher de vous conduire?

— A la rivière !

— Cocher ! s'écria Barrière, conduisez madame au Pont-Neuf !

Le mot était dur ! J'ajoute, pour le lecteur sensible, que la dame en question a pris la route du Pont-Neuf, mais que, dans la rue Rambuteau, elle a ordonné à son cocher de rebrousser chemin et de la conduire au café Anglais.

VIII

J'arrive à la fin de mon livre.

Il me reste à parler d'une chose importante, de mes débuts dans le monde.

Car je vais dans le monde.

La première invitation de ce genre me fut adressée l'année dernière par un personnage qui porte un grand nom, et qui me fit l'honneur insigne de me demander quelques chansons.

On sait que je n'ai pas été élevée dans les salons.

Aussi cette première invitation m'impressionna vivement.

Je craignais de paraître ridicule.

Dans le monde il faut savoir se tenir, il faut savoir marcher et saluer.

Je me disais que tous les yeux seraient dirigés ce soir-là sur l'humble chanteuse de l'Alcazar, je croyais que je me trouverais en présence d'un public railleur, prêt à se moquer de la diseuse de chansonnettes qui se risquait dans un salon.

Je refusai d'abord !

Puis j'acceptai.

La curiosité l'emporta sur la timidité !

Je mis ma robe la plus simple, et vers dix heures je montai dans la voiture qu'on m'avait envoyée.

Mon cœur battait violemment.

A mesure que la voiture s'approchait de l'hôtel de M. de X..., mon émotion devint plus forte.

La porte cochère s'ouvrit... je descendis... j'entrai.

Je fus reçue par le maître de la maison, qui

m'offrit le bras pour me conduire au milieu de sa société.

Je tremblais.

—Qu'avez-vous, mademoiselle? me demanda-t-il.

— J'ai peur! répondis-je!

Mes dents s'entrechoquaient dans le frisson de la fièvre.

M. X... me fit entrer dans un salon et s'éloigna.

Quelques minutes après, je vis paraître une dame âgée.

C'était la mère de M. de X....

Informée par son fils de l'état de surexcitation dans lequel je me trouvais, cette digne dame avait voulu me voir et me rassurer.

Un quart d'heure après, je pénétrai pour la première fois dans un salon du grand monde.

On me fit un accueil si sympathique que je retrouvai bientôt mon assurance.

Je dis plusieurs chansons avec le plus grand succès.

A la fin de la soirée, je reçus des mains de la mère de M. X... un écrin.

Je l'ouvris plus tard.

Il contenait un collier de diamants, le même que je porte chaque soir à l'Alcazar.

IX

Depuis ce temps, il ne se passe pas une semaine sans que je reçoive une invitation à chanter dans le monde.

Mon plus grand orgueil serait d'inscrire à la fin de ce livre les noms des grands seigneurs qui ont bien voulu m'admettre à chanter dans leurs salons.

Mais le bienveillant lecteur comprendra que je n'ai pas le droit d'imprimer ici des noms qui n'appartiennent point à la publicité, et que la reconnaissance me fait un devoir de taire.

Une grande dame, un grand seigneur peuvent,

sans déroger, admettre dans leur salon une simple chanteuse de l'Alcazar;

C'est une distraction qu'ils offrent à leurs nobles invités.

Mais l'artiste ne doit pas oublier le respect qu'elle doit aux personnages qui brillent au premier rang de la société, et dont les noms seraient déplacés dans les mémoires d'une chanteuse populaire.

ADIEU AU PUBLIC

—co—

Je suis encore incertaine de mon avenir, mais j'ai voulu remonter le cours de mon passé. Que serai-je un jour, je l'ignore, mais ce que j'ai été, vous le savez maintenant aussi bien que moi.

Comme tout le monde, comme tous ceux qui liront ces *Mémoires* et ceux qui ne les liront pas, j'ai cru que la vie d'artiste n'était qu'une série de plaisirs continus et de vanités satisfaites. Bien que je n'aie pas eu la prétention de vous instruire, et que je n'ose vous demander si je vous ai amusés, ce livre aura du moins ce résultat que vous saurez, après l'avoir parcouru, ce qu'il en coûte de travaux, de luttes et de déboires pour

arriver en haut de ce mât de Cocagne qu'on appelle la réputation.

On s'imagine, généralement, que nous n'avons
d'autres éléments que l'orgie et le champagne.
C'est une grave erreur. Tous les jours le combat
recommence ; car autrefois je cherchais à monter, et aujourd'hui je tiens à ne pas descendre.

Le succès d'une de mes chansons nouvelles me
préoccupe tout autant, sinon plus, que le succès
d'une grosse opération financière n'inquiète les
frères Péreire.

Malheureusement tout passe. Demain, peut-
être, ce public, qui m'applaudit et me rappelle,
m'écoutera avec indifférence et froideur. Vous
ne m'en voudrez donc pas, cher lecteur, de
m'être préparée avec ce petit volume la consola-
tion de voir mon nom survivre à mon succès, afin
que le jour où j'aurai perdu ma voix, il me reste
au moins *mes Mémoires.*

Paris. — Typ. Morris et Comp., rue Amelot, 64.

www.ingramcontent.com/pod-product-compliance
Lightning Source LLC
Chambersburg PA
CBHW050502270326
41927CB00009B/1856